KB261044

위│빠│사│나│문│고 옹달샘 3

서로 다른 것은 아름답다

묘원

행복한 숲

머리글

2011년 한 해 동안 한국명상원 게시판에 올린 옹달샘 글 365개를 모아 책으로 펴냅니다. 옹달샘 글은 2004년부터 시작되었습니다. 이 글은 제 자신의 성찰입니다. 이 성찰을 다른 수행자들과 공감하고자 게시판에 올렸습니다. 그러므로 여기에 실린 옹달샘 글은 저의 바람이며, 이렇게 살고자 스스로를 일깨우는 경책입니다.

모든 것은 서로 다릅니다. 서로 다른 것은 생명의 질서입니다. 서로 다른 것을 받아들이면 괴롭지 않고 받아들이지 못하면 괴롭습니다.

서로 다른 것은 아름답습니다. 관념으로 본 세계에서는 같은 것이 있습니다. 그러나 실재하는 세계에서는 같은 것이 없습니다. 실재하는 것에 진실이 담겨져 있습니다.

서로 다른 것들은 고유한 특성이 있습니다. 마음은 다른 마음과 비교할 수 없는 고유한 특성이 있습니다. 몸도 다른 몸과 비교할 수 없는 고유한 특성이 있습니다. 시간도 매순간 같은 시간이 아니고 다른 시간입니다.

서로 다른 것들은 항상 하지 않기 때문에 무상합니다. 무상을 모르면 괴롭지만 무상을 알면 변화를 이해하기 때문에 괴롭지 않습니다. 서로 다른 것이 조화를 이루면 아름답습니다. 그러나 다르다고 배척하면 괴롭습니다.

서로 다른 것은 사물의 실재입니다. 그러므로 다른 것은 존중되어야 합니다. 다른 것을 용납하지 않으면 이기적인 사람이 되어 치우친 견해에 사로잡힙니다. 다른 것을 존중할 때 본래의 성품이 존중됩니다. 그러면 있는 그대로의 사물을 보아 자유를 얻습니다.

모든 것은 고유한 특성이 있는데 이것을 법이라고 합니다. 각각의 고유한 법이 공존할 때 평화가 실현됩니다. 이것이 궁극의 행복입니다.

묘원 합장

옹달샘

1 2 3 4 5 6 7 8 9 10 11 12

가까운 사이일수록

사랑과 증오가 교차한다.
가깝기 때문에 욕망이 생겨 집착한다.
그러므로 가깝다고 함부로 대해서는 안 된다.
오히려 가까울수록 더 예의를 지키고 상대를 존중해야 한다.
가깝다는 것은 상대를 존중한다는 말이지 함부로 하라는 말이 아니다.

1

무슨 마음으로 말하는가? 말하기 위해서 말하는가?
진실이라서 말하는가? 어떤 말을 하거나 거짓이 아
니면 된다. 괴로움이 있다는 것과 괴로움의 소멸을
말하면 가장 진실한 말이다.

2

날씨가 맑으면 맑은 대로 알아차리고, 흐리면 흐린
대로 알아차려라. 맑은 것을 좋아하면 흐린 것을 싫
어하고, 흐린 것을 싫어하면 맑은 것을 집착한다. 날
씨가 맑거나 흐린 것은 자신의 능력 밖의 것이다. 자
신의 능력이 미치지 못하는 것은 그대로 두고 있는
대로 알아차려야 한다. 날씨가 맑거나 흐린 것을 좋
아하고 싫어한다면 날씨에 따라 사는 인생이 된다.
불가피한 일에 좋고 싫은 마음을 갖는다는 것은 성
사시킬 수 없는 일을 성사시키려는 욕망으로 사는
것이다. 이것은 이룰 수 없는 것을 바라는 행위다.
내가 좋다고 말해도 맑은 날씨가 계속되지 않으며,
내가 싫다고 말해도 흐린 날씨가 계속되지 않는다.

3

가까운 사이일수록 사랑과 증오가 교차한다. 가깝기 때문에 욕망이 생겨 집착한다. 그러므로 가깝다고 함부로 대해서는 안 된다. 오히려 가까울수록 더 예의를 지키고 상대를 존중해야 한다. 가깝다는 것은 상대를 존중한다는 말이지 함부로 하라는 말이 아니다.

4

괴로울 때는 괴로운 마음을 알아차린 뒤에 호흡을 알아차리거나 좋은 일을 생각하라. 호흡을 알아차리면 괴로움이 단절된다. 현재의 괴로움을 알아차리면 괴로움을 받아들인 것이다. 괴로움을 받아들이면 이미 괴롭지 않은 마음이 일어났다. 괴롭지 않기를 바라면 두려운 마음이 일어나 고통이 더욱 커진다. 알아차리는 마음이 일어나면 있는 마음은 사라지고 새로운 마음이 일어난다. 이렇게 괴로움을 분리해서 지켜보면 지혜가 나서 괴로움으로부터 자유로워진다. 괴로울 때 좋은 일을 생각하라. 이렇게 알아차리는 순간에는 괴로움이 단절된다. 괴로움은 일상의 과정이므로 항상 괴로움만 있는 것이 아니다. 때가 되면 좋은 일도 있다.

좋을 때는 좋아하는 마음을 알아차리고 호흡을 알아차리거나 뒷날을 생각하라. 좋은 것을 알아차리지 못하면 감각적 욕망에 빠진다. 좋은 것을 알아차리면 단지 좋은 것으로 그치고 말아 더 이상의 감각적 욕망을 추구하지 않는다. 감각적 욕망은 자신을 고통에서 벗어나지 못하게 하는 범인이며 궁극의 자유를 얻을 수 없게 한다. 모든 괴로움은 좋아하는 것을 지나치게 집착해서 생긴다. 좋아하는 마음을 알아차리지 못하면 판단능력을 상실하여 균형감각을 잃는다. 그래서 좋아하는 것을 절제할 수 있을 때 비로소 바른 시각을 갖는다. 좋을 때 좋아하는 것을 알아차리면 뒷날 이것이 독이 되어 자신을 파멸에 이르지 않도록 한다.

6

무엇이 몸을 무겁게 하는가? 마음이 몸을 무겁게 한
다. 무엇이 몸을 가볍게 하는가? 마음이 몸을 가볍
게 한다.

7

내 마음대로 하는 것이 자유가 아니다. 사회적 규범
과 도덕적 의무를 벗어나면 자유가 아닌 방종이다.
가장 이상적인 자유는 있는 그대로 알아차리는 것
이다. 어떤 것에도 걸리지 않는 중도를 실천하는 것
이 자유다. 있는 그대로 알아차릴 때만 번뇌가 침투
하지 않아 궁극의 자유를 얻는다.

잘못 사는 것도 쉬운 일이 아니지만 잘사는 것도 쉬운 일이 아니다. 이래저래 사는 것이 쉬운 일이 아니다. 괴로울 때는 괴로움으로 인해 힘들고, 좋을 때도 마냥 좋은 것만도 아니라서 힘들다. 사는 것을 조금만 들여다봐도 출렁거리는 물과 같고, 무심히 흔들리는 나뭇잎과 같다. 고요한 정적이 있어도 이내 회오리바람처럼 휩쓸려버린다. 이러한 삶에는 출구가 없다. 이처럼 괴로워도 부대끼고, 좋아도 부대끼고, 고요해도 부대끼면서 사는 길에서 벗어나는 단 하나의 출구가 있다. 괴로울 때는 괴로운 것을 알아차리고, 즐거울 때는 즐거운 것을 알아차리고, 고요할 때는 고요한 것을 알아차리면 된다. 이 길 외에는 다른 출구가 없다.

생명은 호흡으로 시작하여 호흡이 소멸하면 끝난다. 괴로울 때는 호흡을 알아차려서 집중하면 괴로움으로부터 벗어난다. 즐거울 때는 호흡을 알아차려서 집중하면 즐거움이 넘치지 않는다. 궁극의 행복인 열반은 호흡을 감지하지 못하는 정신적 상태에서 이루어진다. 호흡은 언제나 자신과 함께 있으면서 자신의 생명을 유지시키며 지혜를 주는 법이다. 호흡은 괴로움의 소멸을 돕고, 즐거움을 절제하여 균형을 이루게 한다. 호흡에 일어나고 사라지는 무상의 법이 있고, 불만족이라는 괴로움의 법이 있고, 스스로의 조건에 의해 생멸하는 무아의 법이 있다. 위빠사나 수행자는 호흡과 호흡 사이에 있는 생명의 시작과 끝을 알아차려야 한다.

10

먼저 자신을 사랑하라. 이 마음으로 남을 사랑하라. 그러면 자신도 행복하고 남에게도 행복을 줄 것이다. 자애로운 마음을 가지면 성냄에서 벗어나 평화를 얻는다.

11

자기 입맛에 맞는 달콤한 말을 듣기 위해서 질문을 해서는 안 된다. 자기 견해를 합리화하기 위해서 질문을 해서는 안 된다. 자기를 과시하기 위해서 질문을 해서는 안 된다. 상대를 조롱하거나 비난하는 질문을 해서는 안 된다. 있는 그대로의 진실을 알기 위해서 질문을 해야 한다. 만약 상대의 답변을 듣고 불쾌하게 생각했다면 내가 있다고 하는 마음을 가지고 들은 것이다. 상대의 견해가 자신의 입장과 다를 수도 있다. 말하면 듣고, 좋은 말은 받아들이고, 합당하지 않은 말은 받아들이지 않으면 된다. 질문을 할 때는 자신의 견해와 다르더라도 알아차려야 한다. 질문자는 자신의 잘못을 지적하는 답변을 들을 준비가 되어 있어야 한다.

좋아하는 것이 있으면 집착을 하여 다른 것을 배척
할 위험이 있다. 특히 종교와 사상과 사랑에 대한
집착은 자기 내면의 평화를 파괴하고 사회적 갈등
과 분쟁을 일으킬 수 있다. 이러한 대상은 신념으로
무장되어서 목숨을 걸고 지키려고 하기 때문에 매
우 위험하다. 좋은 것이 변질되는 것은 맹목적으로
집착을 하기 때문이다. 그러므로 이러한 신념에는
반드시 지혜가 따라야 한다. 좋은 것은 단지 느낌일
뿐이며 이 느낌은 일어난 순간에 사라지고 나의 느
낌이 아니다. 좋아하는 것을 집착하면 남을 배려하
지 못하기 때문에 보편적인 가치를 지니지 못한다.
자신만 좋으면 독선에 빠져 눈이 먼 사람이 되므로
서로가 좋아야 한다.

자신을 사랑하는 마음이 생기면 자연스럽게 남을 사랑하는 마음이 생긴다. 남을 사랑하는 마음이 생기면 뒤이어 남을 동정하는 마음이 생긴다. 그래서 다른 존재들의 고통을 제거해주려는 연민의 마음이 일어난다. 진정한 동정심을 가진 사람은 자신을 위하기보다 남을 위해서 헌신한다. 가난해서 살기가 어려운 사람, 병들어 죽어가는 사람, 고독하여 삶이 시들어가는 사람, 몰라서 무지하게 행동하는 사람, 이들은 모두 보살핌을 받아야 할 사람들이다. 이들을 보살피는 마음은 꽃처럼 향기가 나며, 꽃잎처럼 부드러운 마음이다. 이렇게 남을 도우려는 마음을 갖는 순간부터 자신의 마음이 숭고해져 스스로 평화를 얻는다.

14

멀리 보지 말고 앞을 보고 걸어라. 뒤돌아보지 말고 앞을 보고 걸어라. 미래는 오지 않았고 과거는 지나갔다. 실재하는 진실은 오직 현재에만 있다. 허투루 걷지 말고 정성스럽게 걸어라.

15

위빠사나 수행을 하기 위해 마음을 속박하지 마라. 수행은 마음이 일을 하는 것인데 일하는 마음을 속박하면 대상을 바르게 알아차릴 수 없다. 수행은 잘 해야 하지만 지나치게 잘 하려고 하는 것은 탐욕으로 자신의 마음을 속박하는 것이다. 수행을 잘 해야 한다는 것은 대상을 있는 그대로 보는 것이지 당장 좋은 결과를 얻으려고 하는 것이 아니다. 좋은 결과를 얻으려고 하는 순간에 몸과 마음이 긴장하여 수행이 퇴보한다. 수행은 긴장을 이완하는 것이지만 지나치게 이완하면 졸음에 빠진다. 그러므로 몸과 마음의 긴장을 이완하되 알아차림은 강화해야 한다. 긴장과 이완을 조절하는 것이 노력과 알아차림의 역할이다.

아직 조건이 성숙되지 않은 사람에게 완전한 것을 요구하지 마라. 상대가 몰라서 그런 것이다. 미숙한 사람에게 완전한 것을 요구하는 것이 바로 조건이 성숙되지 않은 것이다. 그러면 잘못이 상대에게만 있는 것이 아니고 완전한 것을 요구하는 자신에게도 있다. 상대가 몰라서 부족할 때는 먼저 조건이 성숙되도록 도와주어야 한다. 아직 조건이 성숙되지 않은 사람이나 조건이 성숙되지 않았는데도 완전한 것을 요구하는 사람이나 모르기는 마찬가지다. 누구나 완전한 지혜가 나기 전까지는 알아차리기 위해 노력해야 한다. 훌륭한 스승의 가르침을 받들어 그대로 실천하는 노력을 해야 한다. 이것이 위빠사나 수행을 하는 것이다.

당신은 무엇을 위해서 살 것인가. 가족을 위해서 살 것인가. 국가를 위해서 살 것인가. 인류를 위해서 살 것인가. 하지만 자신의 몸과 마음을 알아차리면 모든 것들을 위해서 실천하는 것이다. 자신의 마음이 청정해야 가족과 국가와 인류가 청정하다. 세상이 있어서 내가 있지만 내가 없으면 세상도 없다.

괴로움이 있어 진실을 안다. 괴로움이 있어 즐거움을 안다. 괴로움은 허영의 껍질을 벗기고 진실을 눈 뜨게 한다. 괴로움은 관념적인 낡은 사고방식을 실재하는 맑은 사고방식으로 바꾼다. 모든 괴로움은 단지 알아차릴 대상이다. 괴로움에 쓰러지면 적절한 보상을 받지 못한다. 괴로움을 견디면 반드시 겪은 만큼의 보상이 따른다. 어쩔 수 없이 겪어야 할 괴로움이라면 받아들여 지혜를 얻는 기회로 삼아야 한다. 괴로움에 지면 출구가 없이 영원히 괴로움뿐인 생활을 해야 한다. 괴로움을 이겨내면 지혜가 생겨 더욱 성숙한 정신을 갖는다. 인간으로 태어난 사명은 괴로움에 당하여 불행하지 않고 괴로움을 알아차려서 행복으로 바꾸는 것이다.

남의 비난은 자신을 돌아보게 하는 약이다. 남의 비난은 단지 그의 말일 뿐이므로 어떤 말에도 걸려서는 안 된다. 오히려 그 말뜻을 새겨들으면 더 큰 이익을 얻는다. 남의 비난은 상대의 축적된 성향일 수도 있고, 그의 진심어린 충고일 수도 있다. 어떤 것이 되었거나 남의 비난을 충고로 받아들이면 자신은 지혜를 얻고 상대에게는 자애를 보내는 것이다. 남의 비난 때문에 화를 내면 그와 똑같은 사람이다. 그러나 비난을 수용하면 오히려 지혜를 얻는다. 남의 비난을 견디지 못하는 것은 나라고 하는 자아가 강하기 때문이다. 자아가 없으면 비난하는 사람도 없고 비난 받을 사람도 없다. 사람과 사람 사이에는 단지 아는 마음만 있다.

맹목적 믿음을 가지면 이치에 맞지 않는 행동을 하고, 확신에 찬 믿음을 가지면 이치에 맞는 행동을 한다. 진실을 막연하게 아는 것과 확실하게 아는 것은 다르다. 막연하게 아는 것은 단지 생각하는 것이며 세속의 믿음으로 진실을 아는 것이 아니다. 대상을 통찰하여 있는 그대로의 사실을 아는 것은 출세간의 믿음으로 진실을 아는 것이다. 믿음에 지혜가 따르지 않으면 맹목적인 믿음이 되어 입으로만 믿음을 외친다. 이런 믿음은 오히려 폭력을 일삼고 전쟁까지 불사한다. 그리고 신의 이름으로 용서를 구하고 신의 이름으로 용서를 한다. 이런 부류의 믿음을 가진 사람일수록 자기도취에 빠져 타인의 믿음을 용납하지 않고 배척한다.

마음은 일어나고 사라지면서 시간과 함께 흐른다. 마음은 일어나서 사라지는 것으로 그치지 않고 다음 마음을 일어나게 하면서 사라진다. 그러므로 항상 같은 마음은 없다. 이러한 과정에서 실재하는 순간은 단 하나다. 마치 바퀴가 굴러갈 때 바닥에 닿은 점이 하나이듯이 자신이 살고 있는 것도 이러한 순간이 연속되면서 사는 것이다. 바퀴가 바닥에 닿는 것은 한순간이며, 이때의 한순간이 실재하는 것이고, 이때의 한순간이 현재다. 궁극의 지혜는 반드시 이 한순간을 지속적으로 알아차려야 얻을 수 있다. 위빠사나 수행자는 과거나 미래가 아닌 현재의 한순간을 알아차리기 위해서 자신의 몸과 마음을 대상으로 삼아야 한다.

좋은 사람이 많으면 좋은 세상이다. 좋지 않은 사람이 많으면 좋지 않은 세상이다. 좋은 세상에도 좋지 않은 사람이 산다. 좋지 않은 세상에도 좋은 사람이 산다. 세상을 탓하지 말고 자신이 좋은 사람이 되라. 좋은 세상과 좋지 않은 세상은 자신의 마음이 만든다. 세상은 겉으로 드러난 모양이고 실재하는 것은 자신의 마음이다.

이익을 얻기 위해서 하는 행동은 손실이 생기기 마련이다. 명예를 얻기 위해서 하는 행동은 불명예가 따르기 마련이다. 칭찬을 받기 위해서 하는 행동은 비난을 받기 마련이다. 행복을 얻기 위해서 하는 행동은 고통이 오기 마련이다. 바른 것을 얻기 위해서 하는 행동이 반대의 결과가 나타나는 것은 욕망을 가지고 하기 때문이다. 모든 일은 단지 할 일이라서 해야 한다. 욕망으로 하면 바르지 못한 행동을 하여 원하지 않는 결과가 생긴다. 수행자는 어떤 결과가 나타나더라도 있는 그대로 알아차려야 한다. 손실이 있어도 알아차려야 하고, 불명예도 알아차려야 한다. 비난을 받더라도 알아차려야 하고, 고통스럽더라도 알아차려야 한다.

세상을 살아가려면 누구나 불가피하게 욕을 먹기 마련이다. 잘못하면 잘못해서 욕을 먹고, 잘하면 잘해서 욕을 먹는다. 세상 사람들은 저마다의 마음이 있어서 각자의 판단기준이 다르다. 모두 자기 생각으로 살아가므로 이 세상은 항상 편견이 있기 마련이다. 어차피 이런 세상이라면 남을 지나치게 의식할 것 없다. 위빠사나의 알아차림은 언제나 자신과 남에 대해서 중도적 관점을 가진다. 그러므로 상대의 말은 그냥 그의 말로 두고 어떤 말을 하거나 수용해야 한다. 그의 말은 그의 것이기 때문이다. 사람들은 남의 성공을 기뻐하지만 남의 실패를 기뻐하기도 한다. 그러므로 남의 말에 연연하지 말고 오직 자신의 길을 가야한다.

자신의 것이 소중하면 남의 것도 소중하게 여겨야한다. 상대의 견해가 나의 견해와 맞지 않는다고 해도 존중해야 한다. 나는 이것이 최고라고 생각해서 선택한다. 남도 이것이 최고라고 생각해서 선택한다. 누구나 최선을 선택하지 차선을 선택하지 않는다. 그러므로 종교, 이념, 사랑에 대한 것은 각자의 뜻을 존중해야 한다. 이렇게 해야 자신의 견해가 침해받지 않는다. 남의 신념을 존중하면 자신의 신념도 존중을 받는다. 이것이 위빠사나 수행의 알아차림이다. 자신이 가진 출세간의 정신을 존중한다고 해서 세속의 정신을 배척해서는 안 된다. 출세간의 정신이 세속의 정신을 이해하지 못하면 진정한 출세간이라고 할 수 없다.

있는 그대로 본다는 것은 대상을 좋아하거나 싫어하지 않고 보는 것이다. 아름다운 꽃은 그냥 아름다운 꽃으로 보고, 시든 꽃은 그냥 시든 꽃으로 보아야 한다. 아름다운 꽃을 좋아하고 시든 꽃은 싫어하면 있는 그대로 본 것이 아니다. 아름다운 꽃은 그대로의 아름다운 자태가 있지만 시든 꽃도 그대로의 아름다운 자태가 있다. 하얀 눈은 그냥 하얀 눈으로 보고, 흙탕물로 인해 시꺼멓게 된 눈은 그냥 시꺼멓게 된 눈으로 보는 것이 있는 그대로 보는 것이다. 하얀 눈을 좋아하고 시꺼멓게 된 눈은 싫다고 한다면 있는 그대로 본 것이 아니다. 하얀 눈은 그대로의 하얀 색깔이 있지만 시꺼멓게 된 눈은 그대로의 시꺼먼 색깔이 있다.

선한 일을 하려면 굳건한 결심을 해야 한다. 선한 일이라고 해서 저절로 되는 것이 아니다. 오히려 선한 일을 할 때 남다른 신념과 각오가 필요하다. 선한 마음이 일어나면 내면에 잠재해 있는 선하지 못한 마음이 제동을 건다. 그래서 확고한 결심이 있어야 선한 일을 할 수 있다. 굳건한 결심을 기초로 삼아야 튼튼한 건축물을 지을 수 있다. 그렇지 않으면 풍랑에 흔들리는 배가 되어 길을 잃는다. 굳건한 결심은 흔들리지 않는 산과 같아서 슬픔과 괴로움에 빠지지 않도록 한다. 이러한 신념이 없으면 선한 일을 하고 싶어도 생각에 그치고 만다. 굳건한 결심은 꽃잎처럼 부드러운 마음을 갖게 하고 바위처럼 단단한 마음을 갖게 한다.

무엇이나 집착을 하면 괴로움으로부터 자유로울 수 없다. 집착을 하면 집착을 한만큼 괴롭다. 하지만 집착이 괴로움의 원인인지를 모른다. 집착이 괴로움의 원인인지 알았다고 해도 멈출 수가 없다. 누구나 '나' 라고 하는 유신견을 가지고 있기 때문이다. 모두 나의 소유라고 하는 생각을 가져서 집착을 한다. 없는 나를 있다고 아는 것이 어리석음이다. 집착을 끊는 것은 사랑하는 사람을 버리는 것처럼 괴로운 일이다. 자기 재산을 버리는 것처럼 어려운 일이고, 지위와 명예를 버리는 것처럼 쉽지 않다. 집착은 결코 떨어지지 않고 달라붙는 특성이 있어서 고질적인 병폐와 같다. 그러나 집착을 여의면 모든 번뇌로부터 자유로워진다.

유명한 것은 내가 아니다. 나의 이름이 많이 알려진 것이지 나의 실재가 유명한 것이 아니다. 겉으로 드러난 모습과 내면의 정신은 다르다. 겉으로 드러난 이름이 유명한 것이라면 관념으로 유명한 것이지 실재가 유명한 것이 아니다. 많이 알려졌다고 해서 훌륭한 것이 아니다. 많이 알려지기 위해서 노력하면 더욱 훌륭하지 않다. 유명해지기를 바라지마라. 유명해지기 위해서 노력하면 허영으로 산다. 허영으로 살면 자기 인생을 사는 것이 아니고 꼭두각시로 산다. 유명해지기 위해서 사는 사람은 자기 삶을 사는 것이 아니고 남의 삶을 산다. 유명한 것은 내가 아니므로 유명해지기를 바라지 마라.

자기 성향에 맞는 수행방법만 선택하려고 해서는 안 된다. 자기 성향대로 살아서 생긴 괴로움은 새로운 방법으로 대체해야 효과가 있다. 자신이 가진 문제를 해결하기 위해서는 지금까지 살아온 방식으로는 해결할 수 없다. 그러나 많은 사람들이 자신의 방식을 고집하고 더 좋은 방식을 외면한다. 그래서 진실이 있어도 외면하고 자신의 입맛에 맞는 것만 고르려 한다. 법문이 조금만 어려워도 어렵다고 포기하고, 수행이 조금만 힘들어도 힘들다고 포기한다. 이런 사람은 아직 수행을 할 수 있는 조건이 성숙되지 않은 사람이다. 법문이 어렵고 수행이 힘들어도 인내하면서 받아들여야 비로소 새로운 세계에 대한 눈을 뜰 수 있다.

다른 것에서 다른 법을 구하지 마라. 바른 법은 항상 자신의 몸과 마음에 있다. 완전한 지혜를 얻기 위해서는 여기에 있는 몸과 마음을 대상으로 알아차려야 한다. 수행자는 먼저 자신의 몸과 마음을 알아차려서 고요함과 지혜를 얻어야 한다. 그런 뒤에 밖에 있는 대상을 알아차려야 수행의 균형이 이루어진다. 자신의 몸과 마음을 제쳐두고 다른 것부터 알아차리면 실재를 보지 못한다. 몸과 마음에 있는 실재하는 본질을 파악하지 못하고 표피적인 것에 머물러서는 번뇌를 소멸시킬 수 없다. 아직 선업의 조건이 성숙되지 않은 사람은 진실이 있어도 진실을 보지 못하므로 수행자는 바른 스승의 도움을 받아 바른 조건을 성숙시켜야 한다.

옹달샘

2 3 4 5 6 7 8 9 10 11 12

감성적이면

남의 업에 개입하여 스스로 괴로움을 만든다.

이성적이면

남의 업에 개입하지 않아 괴로움을 만들지 않는다.
이성적인 마음이 있어야 수행자의 길을 간다.

나의 평화가 남의 평화고, 남의 평화가 나의 평화다. 나만 아는 마음은 나의 평화는 물론 남에게도 평화를 줄 수 없다. 먼저 나의 평화를 얻은 뒤에 자연스럽게 남을 사랑하는 마음을 가지면 다른 사람의 평화도 보장해준다. 자신이 평화롭더라도 남이 자신에게 해를 끼치면 나도 평화로울 수 없다. 그러므로 진정한 평화는 나의 평화와 함께 남의 평화가 있어야 한다. 그러기 위해서는 먼저 자신을 위한 노력과 함께 남을 위해서도 노력해야 한다. 평화는 모든 사람들에게 행복을 준다. 내가 잘살아서 행복하다고 해도 고통스러운 이웃을 외면한다면 진정한 행복을 얻을 수 없다. 그래서 나와 남이 함께 잘사는 마음을 가져야 한다.

삶의 진실을 알려면 다른 법을 구하려고 하지마라. 오직 자신의 몸과 마음에 있는 법을 구하라. 바른 법은 자신의 몸과 마음에 있다. 자신의 몸과 마음에 있는 문제는 세상 사람들의 몸과 마음의 문제와 동일하다. 먼저 자신의 몸과 마음부터 알아차린 뒤에 상대의 몸과 마음도 알아차려야 한다. 몸과 마음을 가지고 살면서 생긴 문제는 몸과 마음의 진실을 아는 것으로 해결할 수 있다. 태어나서부터 지금까지 마음이 밖으로 나가서 밖에 있는 것에만 관심을 보였지 자신의 내면을 통찰할 기회는 많지 않았다. 그래서 삶의 진실을 알 수 없었다. 등잔불이 어둠을 밝힌다고 해서 밖에 있는 것만 보아서는 등잔불의 진실을 알 수가 없다.

한순간이 모여 하루가 되고, 하루가 모여 일주일, 한 달, 한 해가 된다. 한 해가 모여 한 일생이 되고, 다시 끝없는 윤회를 한다. 아침에 눈을 뜨면 벌써 저녁이 되고, 하루가 지나면 벌써 한 해가 간다. 덧없이 흐르는 세월을 누가 붙잡을 수 있겠는가? 무상한 세월에서 남는 것은 늙음과 병이고 기다리고 있는 것은 죽음이다. 하지만 화살처럼 빠르게 흐르는 세월을 붙잡을 수 있는 유일한 방법이 있다. 현재 여기에 있는 자신의 몸과 마음을 알아차리면 된다. 한순간을 알아차리면 무상한 세월을 모두 알아차리는 것이다. 흐르는 세월을 따라가지 말고 현재의 몸과 마음을 알아차리면 세월을 극복한다. 진실은 한순간의 몸과 마음에 있다.

도인(道人)을 찾아다니지 말고 자신이 도인이 되어라. 누구도 나를 도인으로 만들어 주지 않는다. 훌륭한 스승을 만나는 것은 필요한 일이나 스승을 만난다고 도를 얻는 것이 아니다. 스승의 가르침을 들어야 하지만 도는 자신이 실천해서 얻어야 한다. 스승을 찾는 것에 그친다면 우물을 발견하고 물을 마시지 않는 것과 같다. 평생 동안 스승을 찾아다니다 말면 빈손으로 죽음을 맞이한다. 스승이 나에게 줄 수 있는 것은 도를 얻는 방법이다. 도는 몸과 마음을 알아차리는 것이고 도를 얻는 방법이 팔정도다. 도가 있어도 자신이 알아차려서 실천하지 않는다면 이미 도가 아니다. 팔정도는 인간이 가야할 바른 길로 계율과 집중과 지혜다.

자신에게 문제가 있다면 문제를 보는 시각이 바르지 못하기 때문이다. 대상을 보는 시각이 바르지 못하면 문제를 해결하는 방식도 바르지 못하다. 그렇다면 아무리 노력해도 스스로 개선하기가 어렵다. 기존의 사고방식을 가지고 대상을 보는 한 진실의 본질에 접근하기가 어렵다. 그 마음에 그 대상이기 마련이다. 그래서 이런 사실을 자각하기도 어렵다. 이것은 축적된 성향으로 보기 때문이다. 이런 사람은 아무리 훌륭한 가르침이 있어도 가르침의 방식을 따르지 않고 자기 방식으로 판단한다. 진실을 알려면 대상을 고정관념으로 보지 말고 있는 그대로 보아야 한다. 대상을 단순하게 보고 객관화해서 알아차려야 위빠사나 수행이다.

수행은 대상을 알아차리는 것이며 알아차림은 계율을 지키는 행위다. 계율은 도덕적 규범으로 번뇌를 막아서 나와 남을 보호한다. 계율이 선행하지 않는다면 수행의 기반이 조성되지 못한다. 계율은 목적이 아니고 수단이므로 계율을 지킨다고 해서 깨달음을 얻지 못한다. 먼저 계율을 지켜 깨달음을 얻을 수 있는 청정을 만들어야 한다. 계율의 바탕 위에서 지혜를 얻어야 깨달음에 이른다. 수행의 기본은 계율이지만 계율을 뛰어넘는 것이 지혜다. 수행을 하면 계율을 통하여 고요함을 얻고 고요함을 통하여 지혜를 얻는다. 계율과 지혜는 새의 두 날개처럼 상호보완적이다. 지혜는 인간의 눈과 같으며 계율은 인간의 발과 같다.

38

감성적이면 남의 업에 개입하여 스스로 괴로움을 만든다. 이성적이면 남의 업에 개입하지 않아 괴로움을 만들지 않는다. 이성적인 마음이 있어야 수행자의 길을 간다.

39

감각적 쾌락과 극단적 고행이란 두 가지 극단에 빠져서는 안 된다. 감각적 쾌락은 여섯 가지의 감각기관을 통해서 들어오는 느낌을 즐기는 것이다. 감각적 쾌락을 즐기면 더 많은 것을 집착하여 괴로움에서 벗어나지 못한다. 극단적 고행은 자신을 학대하여 죄의 사함을 받아 청정해 지려는 것이다. 극단적 고행은 자신을 속박하여 지성이 나약해지므로 지혜를 얻을 수 없다. 감각적 쾌락이나 극단적 고행은 서로 상반된 것이지만 모두 강력한 힘을 가지고 있다. 이 두 가지를 집착하면 결코 자유를 얻을 수 없으며 행복하지 못하다. 두 가지 극단에서 벗어난 것이 中道다. 부처님께서는 이 길을 찾아내시어 위대한 깨달음에 이르셨다.

어리석으면 부질없는 것을 바라 스스로를 속박한다. 몰라서 스스로 괴로움을 만들어 고통을 겪는다. 지혜가 있으면 부질없는 것을 바라지 않아 스스로 자유를 얻는다. 알아서 스스로 즐거움을 만들어 행복을 얻는다. 무엇을 모르는가? 괴로움이 있는 것을 모르고, 괴로움의 원인을 모르고, 괴로움의 소멸을 모르고, 괴로움의 소멸에 이르는 길을 모른다. 무엇을 아는가? 괴로움이 있는 것을 알고, 괴로움의 원인을 알고, 괴로움의 소멸을 알고, 괴로움의 소멸에 이르는 길을 안다. 괴로움은 불만족이고, 괴로움의 원인은 집착이며, 괴로움의 소멸은 열반이고, 괴로움의 소멸에 이르는 길은 팔정도다. 이것이 네 가지의 성스러운 진리다.

법을 주신 스승을 믿는가, 아니면 존경하는가? 스승에 대한 믿음은 필요하다. 그러나 믿음을 갖다보면 맹목적 믿음이 되기 쉽다. 확신에 찬 믿음을 갖기 위해 스승을 믿지 말고 존경해야 한다. 스승이 믿음의 대상이 되면 스승을 우상화하고 그만큼 스승에게 요구하는 것이 많아진다. 스승을 존경하면 스승에게 요구하기보다 스승의 가르침을 따른다. 그러므로 스승을 믿지 말고 스승을 존경하여 그 가르침을 따라야 한다. 만약 스승을 믿으려면 스승을 믿을 것이 아니고 스승의 가르침을 믿어야 한다. 한 개인에 대한 신뢰는 믿음보다 존경심으로 충분하다. 이러한 믿음을 가져야 맹목적 믿음이 아닌 온전한 믿음을 갖고 바른 수행을 한다.

괴로움이 행복을 만들고, 장애가 삶의 질을 더 견고
하게 한다. 괴로움과 장애를 행복과 견고한 삶으로
바꾸기 위해서는 모두 대상으로 알아차려야 한다.
괴로움을 알아차리는 순간 이미 괴로움이 아니다.
이것이 바로 행복이다. 장애를 알아차리는 순간 이
미 장애가 아니다. 이것이 삶을 견고하게 하는 것이
다. 괴로움이 없는 행복은 없으며, 장애가 없이 삶
의 질을 향상시킬 수 없다. 그러므로 괴로움과 행복
은 같은 것이며, 장애와 향상된 삶도 같은 것이다.
다만 대상을 어떻게 알아차리느냐에 따라서 괴로움
이 괴로움에 머물 수 있고, 괴로움이 행복이 될 수
있다. 또 장애가 장애에 머물 수 있고, 장애가 삶의
질을 향상시킬 수 있다.

43

성스러운 진리를 따르면 올바른 자다. 세속의 진리를 따르면 올바른 자가 아니다. 올바른 자는 타락하지 않고, 올바르지 않은 자는 타락한다. 올바른 자는 행복하고, 타락한 자는 행복하지 않다. 올바른 자는 불행하지 않고, 타락한 자는 불행하다.

44

수행자는 자신이 가진 열정을 감각적 욕망을 추구하는데 사용하지 말고 자신의 정신을 고양시키는 일에 사용해야 한다. 자신에게 손해가 되는 일을 하지 말고 이익이 되는 일을 하도록 노력해야 한다. 선한 마음을 가지고 선한 행위를 하면 반드시 그에 따른 선한 결과가 있다. 선하지 못한 마음을 가지고 선하지 못한 행위를 하면 반드시 그에 따른 선하지 못한 결과가 있다. 자신을 위해 헌신하지 않고서는 결코 좋은 결과를 얻을 수 없다. 자신에게 헌신하는 방법은 자신의 몸과 마음을 알아차리는 것이다. 몸과 마음을 알아차릴 때는 아무것도 바라는 것이 없이 해야 한다. 그러면 어떤 번뇌도 침투하지 못하여 최상의 이익을 얻는다.

탐욕은 욕망의 불길이라서 모든 대상을 삼키고도 만족할 줄 모른다. 성냄은 분노의 불길이라서 스스로를 결박하여 이성을 마비시킨다. 어리석음은 무지의 불길이라서 스스로를 감옥에 가두어 자유를 억압한다. 어리석음은 가장 깊은 곳에서 모든 것을 조정하여 그 실체를 알 수 없다. 탐욕은 중간쯤에 자리 잡아 그 실체가 드러나기도 하고 숨겨져 있기도 하다. 성냄은 항상 겉으로 드러나서 그 실체를 알 수 있다. 어리석어서 욕심을 부리고 욕심을 부리기 때문에 화를 낸다. 수행자는 성냄이 있는 마음을 알아차려서 탐욕이 있는 마음을 알아차릴 수 있다. 탐욕이 있는 마음을 알아차려서 어리석음이 있는 마음을 알아차릴 수 있다.

마음은 매순간 일어났다가 일어난 순간에 사라진다. 그래서 같은 마음이 하나도 없다. 마음은 강물이 흐르듯이 쉬지 않고 흘러서 이전의 마음과 새로 일어난 마음이 동일하지 않다. 이것은 새로운 마음의 구성이 전에 있는 것과 동일하지 않기 때문이다. 그러나 이전의 마음과 새로운 마음이 전혀 동일하지 않다고 말할 수 없다. 왜냐하면 똑같은 삶의 흐름이 있기 때문이다. 이전의 마음은 일어나서 사라지고 없지만 이전의 마음이 가지고 있던 원인이 상속되어서 지속하기 때문에 전혀 다른 마음이라고 할 수 없다. 그러므로 전생과 현생이 같다고도 할 수 없고 전혀 다르다고도 할 수 없다. 여기에는 단지 원인과 결과만 있다.

무지해서 무지한 일을 한다. 무지한 사람은 자기가 한 일이 무지해서 그런지를 모른다. 무지는 무지를 토양으로 삼아 자란다. 이것이 무지의 속성이다. 그래서 무지는 개선의 여지가 없다. 무지 이전으로 더 거슬러 올라갈 것이 없어 무지가 모든 것의 근본원인이다. 지혜가 있으면 무지한 일을 하지 않는다. 자기가 무지한 것을 아는 것이 지혜다. 수행자는 지혜의 불씨를 살려서 지혜가 지혜를 토양으로 삼아 계속해서 자라도록 해야 한다. 자기의 축적된 성향이 강한 사람은 축적된 성향이 강해서 생긴 문제를 제대로 파악하지 못한다. 무지가 눈을 가렸기 때문이다. 자기만 옳은 것은 옳은 것이 아니다. 자기도 옳지만 남도 옳아야 한다.

게으름은 마음이 병든 것이다. 아무 것도 하고자하는 의지가 없어 무기력하고 나태한 마음이 게으름이다. 게으름은 육체적인 현상이 아니고 정신적인 현상이다. 몸을 움직이지 않는 것도 게으름이지만 몸을 움직이지 않으려는 마음이 게으른 것이다. 게으름과 어리석음은 같으며 무지한 정신이다. 게으름은 부지런하지 못해서 노력하지 않는 것이다. 게으름을 극복하려면 대상을 알아차려야 하고, 대상을 지속적으로 알아차려야 한다. 게으름에서 벗어나기 위해서는 음식을 절제하고, 몸의 움직임을 알아차리고, 어둠에서 빛이 있는 곳으로 나오고, 활력에 넘치는 생활을 하고, 사람들과 우애를 돈독히 하고, 유익한 말을 해야 한다.

행복을 얻기 위해서는 이미 지나간 것을 후회하지 않고, 아직 오지 않은 것을 걱정하지 않고, 오직 현재의 몸과 마음을 알아차려야 한다. 지나간 것은 과거고, 오지 않은 것은 미래다. 과거는 실재하는 것이 아니고, 미래도 실재하는 것이 아니다. 과거와 미래는 관념에 불과하며, 오직 현재만이 실재하는 것이다. 관념적인 것에는 실재가 없고, 실재하는 것에만 진실이 있다. 항상 현재 있는 것을 알아차려야 한탄과 두려움으로부터 자유롭다.

사람 사는 일을 하나도 소홀히 해서는 안 된다. 사는 일이 어느 것 하나도 진실이 아닌 것이 없다. 모두 마음이 있어서 하는 행위고, 행위는 반드시 그에 따른 과보를 받는다. 먹고, 자고, 입고, 생각하는 것이 모두 자기 마음이 하는 일이다. 마음이 한 일은 행위며, 행위는 반드시 가속도가 붙는다. 그래서 습관적으로 산다. 습관적으로 살면 과거의 무명을 바탕으로 사는 것이며, 현재는 갈애의 지배를 받으면서 사는 것이다. 수행을 하면 습관이 아닌 새로운 원인을 만든다. 새로운 원인은 새로운 습관을 만들어 새로운 결과를 가져온다. 수행을 하지 않으면 과거의 무명과 갈애의 힘으로 살고, 수행을 하면 현재의 지혜의 힘으로 산다.

무엇이 나를 괴롭게 하고, 두렵게 하고, 슬프게 하는가? 바라기 때문에 괴롭고, 바라기 때문에 두렵고, 바라기 때문에 슬프다. 바라지 않으면 괴롭지 않고, 바라지 않으면 두렵지 않고, 바라지 않으면 슬프지 않다. 무슨 일이나 바라는 마음으로 하지 말고 단지 필요한 일이라서 해야 한다. 단순한 바람이 욕망으로 발전하면 집착을 해서 모든 번뇌의 근원이 된다. 바랐는데 얻을 수 없다면 괴로움과 두려움과 슬픔으로 인해 비탄에 빠진다. 목표는 있어야 하되 일함에 있어서는 욕망을 가지고 해서는 안 된다. 단지 할 일이라서 하면 얻을 것이 없어 언제든지 생과 이별할 준비를 할 수 있다. 그렇지 않으면 생과 이별할 준비를 할 수 없다.

대상과 아는 마음이 있을 때 알아차림이란 행위가 있는 것이 수행이다. 알아차림이 있으면 과거나 미래가 아닌 오직 현재에서 대상을 알아차린다. 위빠사나 수행은 반드시 대상과 아는 마음과 알아차림이 동시에 일어나야 한다. 만약 대상과 아는 마음만 있고 알아차림이 뒤에 일어난다면 짧은 순간에 번뇌가 들어와 대상을 있는 그대로 볼 수 없다. 그러므로 대상이 일어난 뒤에 뒤따라가면서 알아차려서는 안 된다. 만약 뒤따라가면서 알아차린다면 현재에 있는 실재를 아는 것이 아니고 이미 지나간 과거를 관념적으로 알아차리는 것이다. 그러면 짧은 순간에 번뇌가 들어와 대상을 바르게 알아차릴 수가 없으며 지혜의 불을 지필 수 없다.

자기가 자기 자신을 가장 잘 안다. 그러나 오히려 자기가 자기 자신을 더 모를 수도 있다. 지혜가 있으면 자신을 잘 알지만 어리석으면 자신을 알지 못한다. 지혜는 자신의 내면을 통찰하여 어리석음을 끊는다. 어리석으면 자신을 보지 않고 밖에 있는 것만 보기 때문에 진실을 알지 못한다. 밖에 있는 것을 볼 때 내가 본다는 자아를 가지고 보면 결코 진실을 알 수 없다. 있는 그대로의 진실을 알기 위해서는 자신의 내면을 통찰하는 것과 함께 남이 자신을 어떻게 생각하고 있는지 알아야 한다. 자신이 어리석으면 남이 자기를 보는 시각이 더 정확할 수 있다. 남이 자신에게 하는 말을 배척하지 말고 언제나 주의 깊게 경청해야 한다.

바른 직업을 갖는 것이 계율을 지키는 것이다. 잘못
된 직업을 가지면 바르지 못한 사람이 된다. 자신이
직업을 선택하지만 직업이 사람을 만든다. 직업이
자기 업을 짓게 하므로 선한 일을 하는 직업을 가져
야 한다.

내가 남을 비난할 때 나도 남으로부터 비난을 받는
다. 남을 비난하는 것은 남의 잘못 때문만이 아니
다. 남을 비난하는 것을 즐기기 때문에 한다. 남을
비난할 때는 감각적 쾌락에 빠진다. 여기에는 자신
이 우월하다는 선하지 못한 마음이 있다.

어리석으면 오직 자아를 위해 살고 법을 위해서 살지 않는다. 지혜가 있으면 오직 법을 위해 살고 자아를 위해 살지 않는다. 자아를 위해서 사는 사람은 진실을 보지 못하기 때문에 이기적이다. 법을 위해서 사는 사람은 진실을 보기 때문에 이타적이다. 모르면 내가 있다고 생각하여 자아를 강화하는 것밖에 모른다. 그래서 항상 괴로움에서 벗어날 길이 없다. 이렇게 살면 자신만 괴로운 것이 아니고 남까지 괴롭혀서 인간관계가 평화롭지 못하다. 알면 내가 없다고 생각하여 불필요한 욕망을 갖지 않는다. 법을 위해 살기 때문에 탐욕을 부리지 않아 항상 행복하게 산다. 이렇게 살면 나도 행복하고 남도 행복하며 인간관계가 평화롭다.

아는 자는 모르는 자를 비난하지 않는다. 그가 몰라서 그렇다고 상대를 이해하기 때문이다. 모르는 자는 아는 자를 비난한다. 자기가 몰라서 상대를 이해하지 못하기 때문이다. 높은 단계의 의식을 가진 사람은 낮은 단계의 의식을 알아서 받아들인다. 하지만 낮은 단계의 의식을 가진 사람은 높은 단계의 의식을 몰라서 받아들이지 못한다. 마치 부모가 어린아이의 마음을 알지만 어린아이는 부모의 마음을 모르는 것과 같다. 아는 것은 지혜가 있는 것으로 모든 것이 원인과 결과라고 알아서 남을 배척하지 않고 이해한다. 모르는 것은 지혜가 없는 것으로 모든 것이 원인이 있어서 생긴 결과라고 몰라서 남을 배척하고 이해하지 못한다.

58

진실은 언어가 아닌 실재하는 것에 있다. 진실은 언어로 표현되는 고상한 것이 아니다. 진실은 실천적인 체험에서 드러난다. 진실을 말하기 위해서 언어를 사용할 뿐이지 언어 자체가 진실은 아니다.

59

보아도 보는 자는 없다. 보는 자는 없고 마음이 본다. 소리를 들어도 듣는 자는 없다. 듣는 자는 없고 마음이 듣는다. 냄새를 맡아도 냄새 맡는 자는 없다. 냄새 맡는 자는 없고 마음이 냄새를 맡는다. 맛을 알아도 맛을 아는 자는 없다. 맛을 아는 자는 없고 마음이 맛을 안다. 신체가 접촉해도 접촉하는 자는 없다. 접촉하는 자는 없고 마음이 접촉한 것을 안다. 생각을 해도 생각하는 자는 없다. 생각하는 자는 없고 마음이 생각한다. 마음이 내가 아니다. 자아가 있어서 아는 것이 아니고 조건이 성숙되어 안다. 내가 보는 것이 아니고 볼 수 있는 원인이 있어서 보는 결과가 생긴 것이다. 그래서 깨달음은 있어도 깨달음을 얻는 자는 없다.

옹달샘

3

1 2 **3** 4 5 6 7 8 9 10 11 12

선한 마음을 가졌을 때는

악한 행위에 화를 내지 않는다.
악한 마음을 가졌을 때는 선한 행위에 화를 낸다.
선한 마음을 가지면 평정심이 있다.
악한 마음을 가지면 평정심이 없다.

60

선한 마음을 가졌을 때는 악한 행위에 화를 내지 않는다. 악한 마음을 가졌을 때는 선한 행위에 화를 낸다. 선한 마음을 가지면 평정심이 있다. 악한 마음을 가지면 평정심이 없다.

61

괴로움이 있어서 괴롭지 않은 길을 찾는다. 괴로움이 없다면 괴로움으로부터 벗어나는 출구를 찾지 않는다. 그러므로 괴로움이란 행복을 얻을 수 있는 기회다. 괴로움이 원래 있는 것이라는 자각이 일어난 것이 깨달음이다. 괴로움이 원래 있는 것이라는 자각이 일어나면 괴로움의 원인이 집착인지를 아는 지혜가 생긴다. 괴로움은 없앨 수 없는 것이지만 모든 괴로움의 원인이 집착인지를 알면 괴로움을 끊을 수 있는 기회가 마련된다. '괴로움이 있네' 하고 알아차리면 '괴로움의 원인이 집착이네' 하고 알아 자연스럽게 집착을 끊게 되어 괴로움이 소멸한다. 그렇지 않고 괴로움을 인위적으로 해결하려고 해서는 결코 행복을 얻을 수 없다.

62

가장 값진 재산은 물질이 아니고 고귀한 정신이다.

63

몸의 건강만 돌보지 말고 마음의 건강도 돌봐야 한다. 몸이 건강해야 마음이 건강하고 마음이 건강해야 몸이 건강하다. 몸과 마음이 모두 건강해야 비로소 건강하다고 할 수 있다. 이렇게 하기 위해서는 눈에 보이는 몸만 생각하지 말고 보이지 않는 마음을 건강하게 해야 한다. 몸과 마음의 상호 관계에서 마음이 모든 것을 이끈다. 마음을 건강하게 하기 위해서는 탐욕이 없어야 하며 화를 내지 않고 어리석지 않아야 한다. 이것이 선한 마음으로 관용과 자애와 지혜를 갖는 것이다. 관용과 자애와 지혜를 갖기 위해서는 남을 위해서 베푸는 보시를 해야 하며 사회적 규범에 따른 계율을 지켜야 하고 통찰지혜를 얻는 수행을 해야 한다.

64

남이 가진 것의 숫자를 세지 마라. 자기 것의 숫자
를 세라.

65

말 한마디로 천 냥 빚을 갚기도 하고 말 한 마디로
천 냥 빚을 지기도 한다. 말 한 마디로 천 냥을 벌었
다가 말 한마디로 천 냥을 까먹기도 한다. 돈이 마
음을 움직이기도 하지만 사실은 마음이 돈을 움직
인다. 그러므로 돈을 얻으려고 하지 말고 사람의 마
음을 얻으려고 해야 한다. 돈만 얻으려는 사람은 어
리석고 마음을 얻으려는 사람은 지혜가 있다. 바른
마음을 가진 사람은 바른 말을 하고 바른 행동을 한
다. 바르지 못한 마음을 가진 사람은 바르지 못한
말을 하고 바르지 못한 행동을 한다. 사람이 부귀영
화를 누리는 것은 돈으로 하는 것이 아니고 마음이
하는 것이다. 돈이 나고 사람이 난 것이 아니고 사
람이 나고 돈이 난다.

탐욕과 성냄과 어리석음을 알아차렸다고 해서 완전하게 소멸하지 않는다. 대상을 얼마나 정확하게 알아차려서 지혜를 얻느냐에 따라 번뇌가 소멸하는 상태가 다르다. 바라지 않고, 없애려고 하지 않고, 어리석지 않게 알아차려야 한다. 이렇게 알아차리는 것이 있는 그대로 알아차리는 것이다. 대상을 정확하게 겨냥해서 알아차려야 한다. 이렇게 알아차리기 위해서는 적절한 노력을 해야 한다. 대상을 지속적으로 알아차려야 한다. 적당히 알아차리다 말면 집중력이 생기기 않는다. 그러므로 알아차림을 지속시켜야 한다. 반복적으로 알아차려야 한다. 한두 번의 알아차림만으로는 지혜가 성숙되지 않아 오래된 번뇌가 소멸하지 않는다.

수행자가 어떤 대상을 알아차릴 때 대상을 알아차리는 자신의 마음을 알아차리면 이 순간에 대상이 자신의 마음으로 바뀐다. 이때 있던 대상은 사라지고 대상을 알아차리는 자신의 마음이 새로운 대상이 된다. 그러면 좀처럼 떨어지지 않고 계속해서 달라붙던 끈질긴 대상이 쉽게 소멸한다. 마음은 한순간에 하나밖에 알아차리지 못해서 대상을 알아차리고 있는 마음을 새로 알아차리면 있던 대상은 자연스럽게 사라진다. 마음이 모든 것을 받아들이기 때문에 일하는 마음을 대상으로 새로 알아차리면 이 순간에 어떤 번뇌도 침투할 수가 없다. 다만 새로 일어난 마음이 일하는 마음을 정확하게 겨냥해야 하며 지속적으로 알아차려야 한다.

일어난 것은 반드시 사라진다. 사라진 뒤에 다시 일어난 것은 같은 것이 아니다. 일어난 것은 원인이고 사라진 것은 결과다. 사라진 결과가 원인이 되어 다시 일어난다. 일어남은 원인에 의해 일어난 것이지 나의 소유가 일어난 것이 아니다. 일어남과 사라짐에 나의 소유라고 하는 것은 없다. 단지 원인과 결과가 있을 뿐이다. 태어나면 반드시 죽는다. 죽은 뒤에 다시 태어나는 것은 같은 생명이 아니다. 태어난 것은 원인이고 죽는 것은 결과다. 죽는 결과가 원인이 되어 다시 태어난다. 태어남은 원인에 의해 일어난 것이지 내가 태어난 것이 아니다. 태어남과 죽음에 나라고 하는 자아는 없다. 단지 원인과 결과가 있을 뿐이다.

대상이 움직일 때 대상을 아는 마음도 함께 움직인다. 대상이 움직이지 않을 때도 대상을 아는 마음은 움직인다. 대상이 움직이지 않더라도 시간이 흐르고 있기 때문에 끊임없이 새로운 마음이 일어난다. 대상이 움직이지 않는다고 해서 마음도 움직이지 않는다고 생각하면 관념으로 아는 것이다. 겉으로 드러난 대상만 보면 관념으로 보는 것이라서 사물을 정확하게 알지 못한다. 보이지 않는 마음을 알아야 비로소 사물을 바르게 볼 수 있다. 대상이 움직이지 않지만 대상을 아는 마음은 움직이고 있다고 아는 것이 사물의 실재를 아는 것이다. 대상을 관념으로 볼 때는 대상의 성품을 보지 못해 무상, 고, 무아의 지혜가 나지 않는다.

70

물질이 풍요하면 정신이 빈곤하기 쉽고, 정신이 풍
요해도 물질이 빈곤할 수 있다. 이런 불균형을 알아
차리면 정신과 물질이 모두 풍요롭다.

71

하고 싶은 자유도 있지만 하지 않는 자유도 있다.
모든 일에는 일정한 규범이 있어서 해야 할 일과 하
지 말아야 할 일이 있다. 윤회를 하지 않는 일을 하
고 윤회하는 일을 하지 말아야 한다. 하고 싶다고
해서 무엇이나 마음대로 하는 것은 자유가 아니다.
선한 마음으로 선한 행위를 해야 진정한 자유를 얻
는다. 하고 싶은 일을 마음대로 다 한다면 감각적
쾌락을 즐기는 것이다. 하고 싶다고 해도 필요한 일
인지 아닌지를 판단해서 하면 절제하는 것으로 계
율을 지키는 행위다. 하고 싶다고 하여 해서는 안
되는 일을 하는 것은 자유가 아니고 방종이다. 절제
하면서 계율을 지키는 행위를 해야 윤회로부터 해
방되는 궁극의 자유를 얻는다.

72

남을 동정하는 연민의 정은 사랑하는 마음이다. 연민의 마음을 가질 때는 잔인함이 없다. 남을 사랑하는 사람은 자신을 사랑한다. 남과 자신을 모두 사랑하는 사람이 가장 진실한 행복을 누리는 사람이다.

73

여섯 가지 감각기관을 통해서 들어온 느낌을 집착하는 것이 감각적 욕망을 즐기는 것이다. 감각적 욕망의 포로가 된 자는 오직 자신의 욕망을 채우는 것밖에 모른다. 이런 사람은 욕망의 감옥에 갇혀 고독한 죄수로 산다. 감각적 욕망에 눈이 멀면 불행을 행복으로 알고 행복을 불행으로 안다. 이처럼 뒤바뀐 인식을 갖기 때문에 자신이 행복하게 살지 못하는 것은 물론 남에게도 행복을 주지 못하고 무지하게 산다. 감각적 욕망에 빠지지 않기 위해서는 몸과 마음을 알아차려야 한다. 욕망으로 얻은 행복은 행복이 아니고 뒤끝이 개운치 않은 꺼림칙한 것이다. 몸과 마음의 실재하는 현상은 자신이 생각하는 것보다 아름다운 것이 아니다.

모든 조건을 완벽하게 갖추고 살 수는 없다. 맞지 않으면 맞추어서 살아야 한다. 최선이 아니면 차선도 있다. 완벽한 것이 최고가 아니고 조화를 이루는 것이 최고다. 부족한 부분의 여백이 있어서 더 희망이 있다. 완전은 필요한 것이나 완전에 빠지면 결코 궁극의 완전함을 이룰 수 없다.

우상을 숭배하는 것은 관념을 대상으로 보는 것이다. 진리를 존중하는 것은 실재를 대상으로 보는 것이다. 관념의 세계에서는 관념 이상의 것을 보지 못한다. 그래서 관념을 숭배한다. 실재의 세계에서는 관념과 실재를 모두 보아 모든 의문에서 벗어난다. 그래서 진리 이외에 어떤 것도 숭배할 것이 없음을 안다.

76

모르는 사람은 외부의 대상으로부터 행복을 구한
다. 외부에서 얻는 행복은 완전한 행복이 아니다.
아는 사람은 내적인 고요로 지혜를 계발하여 행복
을 얻는다. 자신의 내면에서 얻는 행복이 진정한 행
복이다.

77

사랑이 없는 사람은 남의 슬픔을 기뻐하고 남의 즐
거움을 시기한다. 이런 사람은 남도 사랑하지 못하
고 자기 자신도 사랑하지 못한다. 사랑이 있는 사람
은 남의 슬픔을 동정하고 남의 즐거움을 함께 기뻐
한다. 이런 사람은 남도 사랑하고 자기 자신도 사랑
한다.

업이란 의도가 있는 행위다. 업은 반드시 그에 따른 과보를 받는다. 업은 이로운 업과 해로운 업이 있다. 좋은 가문에 태어나면 이로운 업의 적용을 받는다. 그래서 해로운 업의 힘이 방해를 받는다. 비천한 가문에 태어나면 해로운 업의 적용을 받는다. 그래서 이로운 업의 힘이 방해를 받는다. 그렇다고 좋은 가문에 태어났다고 해서 반드시 이로운 업이 적용되는 것은 아니다. 좋은 가문에 태어났지만 신체적인 장애를 가지고 태어나면 해로운 업이 방해를 받지 않는다. 비천한 가문에 태어났다고 해서 반드시 해로운 업이 적용되는 것은 아니다. 비천한 가문에 태어났지만 아름다운 얼굴로 태어나면 이로운 업이 방해를 받지 않는다.

옳다고 해서 무조건 옳지 않다. 옳은 것을 실천하는 방법이 바를 때라야 비로소 옳다. 옳은 것도 자신만 옳다고 알고 있는지 아니면 상대도 옳다고 아는지가 중요하다. 나만 옳다고 알면 자신의 생각으로만 옳은 것일 수 있다. 그러면 옳다는 견해가 독선이 되어 더 해로울 수 있다. 모든 옳고 그름의 기준은 팔정도를 기준으로 삼아야 한다. 옳은 것을 실천할 때는 축적된 성향을 존중해야 한다. 옳다고 해서 무조건 따르라고 하면 옳지 않다. 자신에게도 축적된 성향이 있으며 상대에게도 축적된 성향이 있다. 이러한 성향을 고려하여 옳은 것을 실천하는 방법이 모두 달라야 한다. 위빠사나 수행의 중도로 행해져야 바르게 실천할 수 있다.

자신의 몸과 마음을 만든 자를 찾지 마라. 행위를 하는 자가 누구인가를 찾지 마라. 지금 알고 있는 자가 누구인가를 찾지 마라. 모든 것은 순간의 마음이 한다. 그 마음은 일어난 순간에 사라진다. 사라진 뒤에 과보에 의해 새로 일어난다. 이 마음은 나의 마음이 아니고 단지 조건에 의해서 일어나고 사라지는 마음이다. 행위는 있어도 행위를 한 자는 없다. 단지 그 순간의 마음이 했기 때문이다. 자아가 있다는 전제를 가지고 답을 얻으려 하면 영원히 풀 수 없는 문제로 고민한다. 선입관을 가지고 사물을 보면 사물이 가지고 있는 실재를 알 수가 없다. 대상을 있는 그대로 볼 때만 사물의 실재가 스스로 드러나 지혜를 얻는다.

팔정도 위빠사나는 중도를 실천하는 수행이다. 중도는 균형이며 평등이고 중립이다. 중도의 관점에서만 정법을 본다. 중도를 이루기 위해서는 계율을 지키고 대상에 집중해서 지혜를 얻어야 한다. 이것이 팔정도의 계정혜다. 중도를 실천하려면 감각적 쾌락과 극단적 고행을 취하지 않아야 한다. 감각적 쾌락은 사람의 정신적 발전을 퇴보시킨다. 그래서 향락의 늪에 빠지게 한다. 극단적 고행은 사람의 지성을 나약하게 한다. 그리고 악에 받치게 한다. 감각적 쾌락에 빠지거나 극단적 고행으로는 사물이 가지고 있는 성품을 볼 수 없다. 이 두 가지는 현실적이지 못한 목적을 세우고 이것을 성취하기 위해서 목숨을 거는 양극단이다.

누구에게나 괴로움이 있지만 괴로움이 있는 것을 인정하지 않는다. 그래서 괴롭지 않기를 바라고 없애려고 하거나 피하려고만 한다. 이런 방법으로는 결코 괴로움이 소멸되지 않는다. 괴로움이 생길 수밖에 없어서 일어났다면 괴로움을 일으킨 원인이 무엇인지를 알아야 한다. 괴로움을 근본적으로 해결하기 위해서는 먼저 괴로움이 있는 것을 알아차려야 한다. 괴로움이 있는 것을 아는 것은 성스러운 진리다. 괴로움이 있는 것을 아는 자각이 일어나면 괴로움의 원인이 집착이라는 것을 안다. 이것이 괴로움의 원인을 아는 성스러운 진리다. 이 과정에서 괴로움의 소멸의 진리와 소멸에 이르는 도의 진리가 일어나 사성제가 완성된다.

욕망을 가지면 불행이 시작되고 욕망을 버리면 행복이 시작된다. 욕망은 불행과 행복의 시작과 끝이다. 욕망은 자신의 정체를 드러내지 않는다. 욕망은 천의 얼굴을 가지고 있어 자신도 속이고 남도 속인다. 욕망에 속아 극한 상황에 이르렀어도 욕망은 이것이 내 책임이라고 하지 않는다.

빨리어에서 괴로움이란 참기 어려운 것으로 정의한다. 또 하찮은 일인데 큰일처럼 생각하고, 실체가 없이 비어있는데 실체가 있다고 생각하는 것으로 말한다. 괴로움이란 불만족이다. 괴로움이란 별 볼일 없는 관념에 불과하다. 세상의 일은 모두 원인에 의해서 일어난 결과라서 당연히 일어날 일이 일어난다. 또 자신이 욕망을 가지고 있기 때문에 문제가 아닌 것을 문제라고 보아서 괴롭다. 일어난 일은 내가 소유하는 것이 아닌데도 내 일이라고 생각한다. 사람을 존재로 보면 사람이 실체로 보이며 괴로움의 실체가 있는 것처럼 생각한다. 사람을 인식의 대상으로 보면 사람이 무실체로 보이고 괴로움의 실체가 없다는 것을 안다.

출세간에서는 사람을 존재로 보지 않고 인식의 대상으로 본다. 존재는 관념이며 부르기 위한 명칭이다. 인식은 실재며 몸과 마음의 느낌이다. 존재로 본 세계에서는 실체가 있다. 존재 자체가 관념이기 때문이다. 인식으로 본 세계에서는 실체가 없다. 실재는 눈에 보이지 않는 느낌이기 때문이다. 이것이 무명과 지혜의 차이다. 대상을 관념으로 보지 않고 실재를 인식할 때만이 무상, 고, 무아의 지혜가 난다. 세 가지 지혜가 없으면 집착이 사라지지 않아 열반을 성취할 수 없다. 손을 손이라고 말했을 때는 관념이다. 이때 손은 실체로 보인다. 그러나 손의 실재는 손의 느낌이다. 손은 부르기 위한 명칭이고 손이 있는 것은 느낌으로 안다.

크고 작은 고통을 겪으면 누구나 예외 없이 견디기 힘들다. 이러한 고통으로부터 벗어나려고 해도 구체적인 방법을 모른다. 그래서 감각적 쾌락을 추구하기도 하고 극단적 고행을 선택하기도 한다. 이런 행위로는 좋은 결과를 기대하기 어렵다. 모든 일을 자신이 과거에 지은 업의 과보로 받아들여야 한다. 대상을 있는 그대로 알아차리면 업의 과보를 받아들인다. 이것이 현재 새로운 선한 원인을 만들어 고통으로부터 벗어나는 유일한 방법이다. 그래야 지금도 괴롭지 않고 지금 이후도 괴롭지 않다. 알아차림은 선한 행위로 이것 하나만 있으면 된다. 알아차리는 순간에는 번뇌가 들어오지 않고 계율을 지키기 때문에 스스로를 보호한다.

모든 대상은 법이다. 대상을 법으로 알아차리지 못하면 법이 아니다. 대상을 법으로 알아차릴 때만이 비로소 법이다. 대상의 법을 받아들이지 못하면 사람을 받아들이지 못한다. 대상을 법으로 받아들여야 사람도 받아들인다. 대상을 법으로 보면 사람 사이에 걸릴 것이 없어 장애가 일어나지 않는다. 대상을 법으로 보지 못하면 사람에 걸려 장애가 일어난다. 법은 사람이 대상을 있는 그대로 알아차려야 성립되므로 법과 사람은 하나로 연결되어있다. 인간이 사는 것은 6가지 감각기관이 감각대상과 접촉하는 것이지만 이 중에 사람과 접촉하는 것이 가장 중요하다. 그래서 법을 법으로 받아들이면 사람과 사람사이에 아무런 문제가 없다.

불선과보의 힘이 크게 작용하여 불가항력이 될 때 고통과 함께 두려움이 생긴다. 이때 자신의 힘으로 감당하기 어려우면 외부로부터 구원을 받으려고 한다. 그래서 어떤 대상을 향해 기도를 한다. 그리고 주문을 외우기도 한다. 그러나 누구도 자신을 구원해주지 못한다. 자신의 문제는 있는 그대로 알아차려서 스스로의 힘으로 헤쳐 나와야 한다. 만약 외부의 대상으로부터 구원을 받을 수 있다면 오직 그 대상에게 매달리는 일만 해야 할 것이다. 이것은 외부의 도움 유무에 상관없이 매우 불확실한 결과를 기대하는 것이다. 물론 누군가를 향해서 기도하면 집중력이 생겨 안정을 얻지만 이것으로는 지혜가 나지 않아 완전히 벗어나지 못한다.

겉으로 드러난 화가 있고 겉으로 드러나지 않은 화가 있다. 몸으로 내는 화는 겉으로 드러나고 마음으로 내는 화는 숨겨져 있다. 하지만 이것들이 모두 화를 내는 것이다. 욕망을 가지고 자기 마음대로 하려다가 뜻대로 되지 않아서 화를 낸다. 좋아하는 것만 집착하여 마음에 들지 않으면 싫어하고 미워해서 화를 낸다. 싫으면 미워하게 되고 상대가 하는 일을 거부한다. 거부하는 것이 화를 내는 것이다. 화를 내면 이성이 마비되어 화내는 힘이 자꾸 커진다. 그래서 화가 더 큰 화를 불러 자신을 불태우고 더 나아가서는 세상의 모든 것을 불태운다. 화를 내면 온전하게 화를 낸 사람의 손실로 돌아간다. 그러므로 어리석어서 화를 낸다.

비난을 하기로 작정한 사람에게는 훌륭한 일을 해도 비난을 피할 길이 없다. 이때는 상대의 비난에 침묵하는 것이 좋다. 이것이 자신을 돕고 더불어 상대를 돕는 길이다. 상대가 바른 법을 받아들이지 않을 때 침묵하면 자신도 더 이상 괴롭지 않으며, 상대에게도 더 이상 불선행을 하지 않도록 한다. 그래서 두 사람 모두에게 이익을 준다. 남을 비난하는 사람은 상대가 말이 많으면 많다고 비난을 하고, 말이 적으면 적다고 비난을 하고, 말이 없으면 없다고 비난을 한다. 비난을 하는 사람은 있는 사실에 대한 진실에 상관없이 자신의 축적된 성향으로 한다. 그러므로 남의 축적된 성향에 똑 같이 대응하지 말고 침묵으로 대해야 한다.

옹달샘

1 2 3 **4** 5 6 7 8 9 10 11 12

세간은 원인과 결과가 지속되어

좋아함과 미워함과 덤덤함이 있다.
출세간은 원인과 결과가 끊어져 좋아함과 미워함과
덤덤함이 없이 단지 아는 마음만 있다.
원인과 결과가 있는 마음은 윤회의 흐름에 들고,
원인과 결과가 끊어진 마음은
윤회의 흐름이 소멸한다.

좋은 일인지 알면서 하지 못하는 것은 내 마음이 아니기 때문이다. 나쁜 일인지 알면서 하는 것은 내 마음이 아니기 때문이다. 내 마음이라면 내가 원하는 대로 좋은 일만 하고 나쁜 일은 하지 말아야 한다. 하지만 습관대로 살기 때문에 하고 싶은 마음은 있지만 내 마음대로 하면서 살 수가 없다. 몸이 있지만 내 마음대로 되지 않는다. 느낌이 있지만 내 마음대로 되지 않는다. 인식을 하지만 내 마음대로 되지 않는다. 의도가 있지만 내 마음대로 되지 않는다. 의식을 하지만 내 마음대로 되지 않는다. 내 마음대로 되지 않아서 내 마음이라고 할 수가 없다. 마음은 있지만 조건에 의해 일어났다가 사라지는 마음이라서 무아라고 한다.

한 번의 실수가 두 번 세 번의 실수가 된다. 실수한 행위가 문제가 아니고 실수를 한 마음가짐에 문제가 있다. 실수할 수 있는 조건을 가지고 있는 한 같은 실수를 되풀이하기 마련이다. 무슨 일을 욕망으로 하거나 성내면서 하면 같은 실수를 반복해서 저지른다. 이것이 어리석음으로 하는 행위다. 같은 실수를 반복하지 않기 위해서는 일하기 전에 현재의 마음을 알아차려야 한다. 마음이 하는 일에 집중하지 못하고 다른 생각을 하면서 하면 습관적으로 한다. 실수 중에 가장 큰 실수는 갈애를 가지고 집착을 해서 윤회하는 것이다. 집착을 하면 업을 생성하여 다시 태어나는 괴로움을 겪는다. 가장 큰 실수는 다시 태어나는 것이다.

충고는 사랑하는 마음으로 해야 한다. 상대를 미워하는 마음이나 탐욕을 가지고 충고해서는 안 된다. 충고를 잘못하면 참견이 된다. 충고가 참견으로 비쳐지면 오히려 상대를 화나게 해서 역효과가 생긴다. 자신의 감정을 개입시켜서 충고하면 안 된다. 상대가 충고해 주기를 원했다고 해서 바른 말을 받아들일 준비가 된 것이 아니다. 상대가 충고를 원할 때는 자기의 잘못을 지적하기보다 자기를 이해해 달라는 뜻으로 말하기 마련이다. 그러므로 상대에게 충고할 때는 상대의 입장을 고려해서 말해야 한다. 좋은 뜻으로 말하려고 해도 상대가 받아들일 준비가 되지 않았으면 말하지 말아야 한다. 충고를 할 때는 적절한 격을 갖추어야 한다.

무조건 따라야 된다고 하는 맹목적 믿음은 사람을 주인과 노예의 관계로 전락시킨다. 이러한 믿음으로는 사물의 바른 이치를 판단하기 어렵다. 오직 복종밖에 없는 믿음은 오히려 더 큰 위험이 될 수 있다. 만약 주인의 뜻이 왜곡되었다면 부당한 일을 위해 노력하고 선하지 못한 일에 목숨을 거는 결과가 생긴다. 가르침을 실천한 뒤에 확신에 찬 믿음을 갖는 것이 위빠사나 수행자의 믿음이다. 수행자는 가르침을 준 사람을 믿지 말고 바른 가르침을 믿어야 한다. 이러한 믿음을 바탕으로 바른 가르침을 스스로 실천하여 자기 것으로 만들 때 확신에 찬 믿음이 생긴다. 자기 스스로 깨달아서 지혜를 얻는 것이 가장 최선의 믿음이다.

누구나 고귀한 이상을 가져야 한다. 이상은 괴로운 현실을 감내하게 하는 좋은 약이다. 이상이 없으면 나태해져서 정신을 퇴보시킨다. 이상을 갖되 진실하고 선하고 아름다운 것을 구하는 것에 그쳐서는 안 된다. 모든 번뇌를 해결하려는 성스러운 이상을 가져야 한다. 그러나 이러한 이상만 있어서는 안 된다. 이상을 실천하는 노력이 있어야 한다. 노력이 없으면 단지 생각에 불과하다. 이상은 어떤 외부의 힘으로 성숙되는 것이 아니다. 오직 자신의 노력으로써만이 실현시킬 수 있다. 이상을 성취하기 위한 노력은 바르게 해야 한다. 노력이 지나치면 탐욕으로 한다. 탐욕으로 하면 몸과 마음이 긴장하여 바른 결과를 얻지 못한다.

무지하면 대상을 법으로 보지 않고 선입관으로 본다. 지혜가 있으면 대상을 선입관으로 보지 않고 법으로 본다. 선입관으로 보면 대상이 가지고 있는 진실을 알지 못한다. 선입관을 가지면 자신의 견해를 바꾸려는 의지가 없어 사람과의 소통이 이루어지지 않고 자신만의 세계에 산다. 두꺼운 껍질에 갇혀 스스로를 고립시키면 의식이 정체된다. 인간이 사는 것은 사람과의 관계다. 사람을 선입관 없이 법으로 보면 사람에 걸리지 않는다. 선입관을 가지고 보면 사람에 걸려서 법을 모른다. 법을 받아들이지 못하면 사람을 받아들이지 못한다. 바른 법을 받아들여야 사람도 받아들인다. 사람을 선입관 없이 법으로 볼 때만 자유를 얻는다.

세상이 내 마음을 만들고, 내 마음이 세상을 만든다. 세상의 일이 좋으면 내 마음이 좋고, 내 마음이 좋으면 세상이 좋아 보인다. 세상의 일이 좋지 않으면 내 마음이 좋지 않고, 내 마음이 좋지 않으면 세상이 좋지 않다. 세상은 내 마음에 영향을 주고, 내 마음이 세상을 결정한다. 좋은 볼거리, 좋은 소리, 좋은 냄새, 좋은 맛, 좋은 감촉이 있으면 내 마음이 즐겁다. 좋은 볼거리, 좋은 소리, 좋은 냄새, 좋은 맛, 좋은 감촉이 있어도 내 마음이 편치 못하면 귀찮다. 세상이 좋다고 해도 세상을 받아들이는 내 마음이 좋지 않으면 소용이 없다. 모든 것을 결정하는 것은 자신의 마음이다. 마음을 청정하게 하려면 대상을 알아차려야 한다.

범부는 환경의 영향을 받지만 성자는 환경의 영향을 받지 않는다. 범부의 삶은 원인과 결과가 있어 여러 가지 상황에 따라 영향을 받는다. 성자의 삶은 원인과 결과가 없어 어떤 상황에서도 영향을 받지 않는다. 범부는 무상, 고, 무아를 몰라서 나타난 모든 대상에 휘둘린다. 성자는 무상, 고, 무아를 알아서 어떤 대상에도 휘둘리지 않는다. 대상에 휘둘리면 갈애가 일어나 집착을 해서 업을 생성하여 미래의 태어남이 있다. 대상에 휘둘리지 않으면 갈애가 일어나지 않고 느낌이 소멸하여 미래의 태어남이 없다. 미래의 태어남이 있으면 생로병사의 괴로움에서 벗어나지 못한다. 미래의 태어남이 없으면 생로병사의 괴로움으로부터 자유롭다.

바라는 마음 때문에 괴로움이 생기고, 바라는 마음 때문에 두려움이 생긴다. 바라지 않아야 괴롭지 않고, 바라지 않아야 두렵지 않다. 바라는 마음이 있어서 성공하지만 바라는 마음 때문에 실패를 한다. 바라는 마음은 삶의 활력을 주지만 바라는 마음으로 인해 삶이 무기력해진다. 바라기 때문에 윤회를 거듭하고 바라지 않아야 윤회가 끝난다. 바라는 마음은 어리석음으로부터 오며, 어리석음은 유신견으로부터 온다. 유신견은 정신과 물질이 나의 것이고, 나이며, 나의 자아라는 견해로부터 온다. 모든 것은 바라는 마음으로부터 시작하며 바라는 마음이 없을 때라야 비로소 끝이 난다. 바라는 마음은 팔정도인 중도를 실천할 때 소멸한다.

남에게 의지해서 괴로움을 해결하는 것은 일시적인 효과밖에 없다. 스스로가 노력해서 얻은 지혜만이 괴로움을 근본적으로 해결할 수 있다. 다른 대상에 의지해서 괴로움을 해결하려는 것은 스스로 노력해서 지혜를 얻는 것을 포기한 것이다. 자신을 구원하는 것은 오직 자신밖에 없으므로 자신을 의지처로 삼아서 수행을 해야 한다. 다만 아직 지혜가 성숙되지 않았기 때문에 훌륭한 스승의 가르침을 등불로 삼아서 가야한다. 자신이 아닌 외부의 대상에 자신을 맡긴다는 것은 매우 불확실한 일에 승부를 거는 것이다. 막연한 기도와 무의미한 의식으로는 현재의 괴로움을 해결할 수 없으며 죽은 이후에도 결코 좋은 결과를 기대할 수 없다.

모든 사람들이 가지고 있는 불평등은 원인이 있어서 생긴 결과다. 좋은 원인을 만들면 좋은 결과가 생기고, 나쁜 원인을 만들면 나쁜 결과가 생긴다. 어떤 원인도 만들지 않으면 결과가 없다. 원인이 있으면 흐름이 지속하는 결과가 있고, 원인이 없으면 흐름이 정지된다. 원인이 있어서 태어나는 결과가 있다. 태어날 때 어떤 원인을 만들었느냐에 따라 태어나는 결과가 다르다. 오계를 지켜 인간으로 태어났다고 하더라도 살생을 많이 한 과보가 있으면 단명하고, 살생을 하지 않고 살아있는 존재에 대하여 자애로운 마음을 가지면 장수한다. 원인이 없으면 다시 태어나는 결과가 없어 윤회가 끝난다. 이것이 깨달음을 얻은 자의 삶이다.

훌륭한 법이나 훌륭한 스승을 만나는 것은 좋은 인연이 있어야 한다. 선업의 공덕이 있어야 훌륭한 법과 스승을 만난다. 어떤 법이나 스승을 만나더라도 열심히 노력하면 다음 단계의 법과 스승이 나타나기 마련이다. 현재 자기가 하고 있는 수행을 열심히 하지도 않고 다른 수행만 찾아다니면 바른 수행자라고 할 수 없다. 수행은 하지 않고 수행편력만 쌓으면 아무 것도 배우지 못한다. 현재 자신이 배우는 스승이 부족하게 느껴지더라도 그 수준에 맞추어서 수행을 하는 것이 바람직하다. 수행은 방편이 다르기 때문에 스승이 지도하고자 하는 뜻을 이해하지 못할 수도 있다. 세상이 내게 맞을 수가 없으니 내가 세상에 맞추어야 한다.

위빠사나 수행을 해서 정신이 고양되면 물질에 대한 집착이 사라진다. 새로운 취미가 생기면 하고 있던 일에 대해서 흥미를 잃는 것처럼 정신이 고양되면 그만큼의 감각적 욕망이 줄어든다. 반대로 물질을 집착하면 정신이 퇴보한다. 하나를 얻으면 더 얻고 싶은 것이 욕망의 속성이다. 하지만 정신이 고양되어 지혜를 얻으면 오히려 물질적인 집착이 사라진다. 그 결과로 자신이 소유한 것에 대한 집착이 사라지며, 자신의 몸에 대한 집착이 사라지며, 마지막에는 자신의 마음에 대한 집착도 사라진다. 이처럼 단계적으로 집착이 소멸하면 궁극의 행복을 얻는다. 의식이 고양되어 번뇌가 소멸한 자리에만 완전한 자유와 지고의 행복이 있다.

생각해서 말하고, 말하면 행동한다. 생각과 말과 행동은 하나의 과정이다. 하지만 생각과 말은 서로 다르고, 말과 행동도 서로 다르다. 생각은 생각이고 말은 말이다. 생각이 바르다고 해서 바른 말을 하는 것이 아니다. 생각이 바르지 못하다고 해서 바르지 못한 말만 하는 것이 아니다. 말은 말이고 행동은 행동이다. 바른 말을 한다고 해서 바른 행동을 하는 것이 아니다. 바르지 못한 말을 한다고 해서 바르지 못한 행동만 하는 것이 아니다. 그 순간의 마음이 생각하고, 그 순간의 마음이 말을 하고, 그 순간의 마음이 행동을 한다. 나의 마음이 생각하는 것이 아니고, 나의 마음이 말하는 것이 아니고, 나의 마음이 행동하는 것이 아니다.

105

세간은 원인과 결과가 지속되어 좋아함과 미워함과
덤덤함이 있다. 출세간은 원인과 결과가 끊어져 좋
아함과 미워함과 덤덤함이 없이 단지 아는 마음만
있다. 원인과 결과가 있는 마음은 윤회의 흐름에 들
고, 원인과 결과가 끊어진 마음은 윤회의 흐름이 소
멸한다.

106

법이란 있는 그대로의 사실이다. 있는 그대로 알아
차리면 대상이 가지고 있는 진실인 무상, 고, 무아
를 알아서 괴로움에서 벗어난다. 법은 누구에 의해
만들어지지 않고 원인과 결과가 만든다. 모든 것은
조건에 의해서 생겨나서 조건에 의해 소멸한다. 일
어날 만한 조건에 의해서 일어난 것은 반드시 사라
질 만한 조건이 성숙되면 사라진다. 법을 주재하는
절대적인 존재는 없다. 법은 단지 조건에 의해 일어
나고 사라진다. 수행은 선한 조건을 만들어 괴로움
이 없는 행복을 만드는 고귀한 작업이다.

욕망의 노예가 된 자는 강물에 휩쓸려 떠내려간다.
욕망을 알아차리는 자는 배를 타고 피안으로 건너
간다.

잘못된 것은 자신의 탓으로 돌리고, 잘된 것을 남의
공으로 돌리면 자신의 내면이 평화롭다. 잘못된 것
은 남의 탓으로 돌리고, 잘된 것을 자신의 공으로
돌리면 자신의 내면이 평화롭지 못하다. 잘잘못이
누구 때문이 아니고, 원인과 결과로 인해 생긴 것을
알면 더 고귀한 평화를 얻는다.

괴로울 때는 자아가 있고 알아차림이 없다. 괴로움이 없을 때는 자아가 없고 알아차림이 있다.

붓다의 가르침은 아무리 잘 따른다 해도 부족하다. 수행자가 최선을 다한 것으로 그쳐서는 안 된다. 최선을 다한 것은 지혜를 얻기 위한 시작에 불과하다. 이러한 시작은 한번으로 그쳐서는 안 되고 항상 계속되어야 한다. 수행자가 아직 존재하는 것의 성품인 무상, 고, 무아를 알지 못했다면 바른 법을 알기 위해서 노력해야 한다. 아직 도과를 성취하지 못했다면 도과를 얻기 위해서 노력해야 한다. 아직 아라한이 되지 못했다면 아라한이 될 때까지 노력해야 한다. 아라한이 되어야 비로소 할 일을 다 했다고 말할 수 있다. 아라한이 되었다고 수행이 끝난 것이 아니다. 아라한도 항상 새로 시작한다. 수행은 할 일도 많고 갈 길도 멀다.

111

자기 성질대로 수행하면 법의 성품을 보지 못한다.
자기 성질대로 하지 않고 있는 그대로 알아차려야
법의 성품을 본다. 수행은 살아온 습관에서 새로운
습관을 길들이는 과정이다. 그러므로 부단한 노력
과 많은 시간이 필요하다.

112

행복하게 살려고 수행을 해도 좋은 일만 있지 않다.
수행을 하면 감추어진 내면이 드러나 고통을 겪는
다. 이러한 고통은 더 나은 삶을 살기 위한 불가피
한 과정이다. 수행을 하면서 고통이 없기를 바라지
마라. 고통이 드러날 때, 알아차려서 받아들이면 진
정한 행복을 얻는다.

삿된 법은 방황의 끝이 없다. 가도 가도 끝이 없으면 바르지 못한 법이다. 바른 법은 방황의 끝이 있다. 더 이상 갈 곳이 없어야 바른 법이다. 가도 가도 끝이 없는 것이 윤회고, 더 이상 갈 곳이 없는 것이 윤회의 끝이다.

무지하면 해야 할 일과 하지 말아야 할 일을 판단하지 못한다. 생각으로는 옥석을 구별하지 못한다. 지혜가 있어야 해야 할 일과 하지 말아야 할 일을 구별한다. 통찰지혜를 얻기 위해서는 위빠사나 수행을 해야 한다. 위빠사나 수행은 좋은 대상이나 나쁜 대상이나 구별하지 않고 있는 그대로 알아차린다. 대상을 구별하지 않고 알아차리면 지혜가 나서 나중에는 해야 할 일과 하지 말아야 할 일을 판단하는 힘이 생긴다. 위빠사나 수행이 두 가지를 판단할 수 있는 힘을 얻는 것은 대상을 알아차릴 때 개입하지 않고 알아차리기 때문이다. 대상을 알아차릴 때 바라거나 없애려고 하면 탐욕과 성냄으로 보기 때문에 지혜가 계발되지 않는다.

115

몰라서 실패하고, 몰라도 성공한다. 몰라서 실패하는 것은 어리석기 때문이고. 몰라도 성공하는 것은 지혜가 있기 때문이다. 누구나 모르는 것으로 출발하지만 감각적 욕망을 가지고 행하는 만큼 실패하고, 감각적 욕망 없이 단순하게 행하는 만큼 성공한다.

116

글과 말과 행동이 그 사람의 인격을 표현한다. 그러나 글과 말과 행동이 그 사람의 전부라고 보아서는 안 된다. 글은 단지 글이다. 좋은 글을 쓴다고 해서 반드시 그 사람의 마음이 훌륭한 것이 아니다. 말은 단지 말이다. 좋은 말을 한다고 해서 반드시 그 사람의 마음이 훌륭한 것이 아니다. 행동은 단지 행동이다. 좋은 행동을 한다고 해서 반드시 그 사람의 마음이 훌륭한 것이 아니다. 누구나 있는 그대로의 실재를 표현할 수도 있고, 어떤 목적을 가지고 실재와 다르게 표현할 수도 있다. 마음은 매순간 조건에 의해서 변한다. 그러므로 상황에 따라서 이렇게 표현할 수도 있고, 저렇게 표현할 수도 있다. 이것이 무상, 고, 무아다.

모르면 상대와 힘을 겨룬다. 알면 힘을 겨루지 않고 자기 할 일을 한다. 남과 힘을 겨루기를 즐기는 사람은 자기 인생을 살지 못하고 남의 인생을 산다. 자기 할 일을 하는 사람은 언제나 두려움이 없고 행복하다.

인간으로 태어나는 것도 어려운 일이고, 태어나서 살기도 어려운 일이지만 죽는 것은 가장 두려운 일이다. 태어날 때는 자신의 마음을 인식할 수 없어서 두려움을 모른다. 하지만 죽음을 인식할 수 있을 때가 되면 죽음은 그 자체가 두려움이다. 무엇이 자신의 죽음을 두렵게 하는가? 영원하기를 바라는 마음이 죽음을 두렵게 한다. 존재하는 모든 것들이 일어나서 사라진다고 알면 죽음이 두렵지 않다. 내 몸과 마음이라는 생각이 죽음을 두렵게 한다. 내 몸과 마음이 아니고 단지 정신과 물질이라고 알면 죽음이 두렵지 않다. 바르지 못한 행위가 죽음을 두렵게 한다. 바른 행위를 하면 현재나 미래를 걱정할 것이 없어 죽음이 두렵지 않다.

119

물질로 얻는 행복은 완전하지 않다. 물질로 얻는 행복은 욕망에 대한 만족이다. 물질이 사라지면 또 다른 욕망이 일어난다.

120

남의 일은 내 일 같이 열심히 하고, 자기 일은 욕망을 가지고 하지 마라. 목적을 성취하기 위해서 하지 말고, 할 일이라서 해라. 혼자서 다 하려고 하지 말고, 구성원의 일원으로 하라. 남이 좋아하는 일은 양보하고, 싫어하는 일을 해라. 오늘 할 일은 오늘에 하고, 내일 할 일은 내일에 하라. 자기 할 일을 하되 남을 배려하면서 해라. 알아차리면서 하면 해야 할 일과 하지 말아야 할 일을 구별한다.

옹달샘

1 2 3 4 **5** 6 7 8 9 10 11 12

좋은 마음으로 시작했으면

싫은 때가 와도 좋은 마음으로 끝내야 한다.
좋은 마음으로 시작해서 좋지 않은 마음으로 끝내면
자아가 드러난 것이다.

121

남을 칭찬하면 내가 칭찬을 받는다. 남을 비난하면
내가 비난을 받는다. 남과 나는 다르지만 인간의 마
음을 가진 것으로는 같다.

122

인간이 본능대로만 살면 성스럽지 못하다. 본능에
충실하면 이상을 실현할 수 없다. 이상을 실현하려
면 괴로움을 감내해야 한다. 이상은 그냥 이루어지
지 않는다. 이상만큼의 인내와 열정을 가져야 한다.

123

욕망을 가지고 한 일은 얻어도 얻은 것이 아니다.
욕망은 끝이 없어서 얻어도 만족하지 못한다. 바라
는 것 없이 얻어야 비로소 만족할 수 있다. 욕망이
끊어진 자리가 원인이 끊어진 자리다. 원인이 끊어
진 자리에는 결과가 없어 해탈의 자유가 있다.

124

얼굴을 아름답게 하려고 화장을 하지만 얼굴보다
마음이 아름다워야 한다. 마음을 아름답게 하려면
선한 마음을 가져야 한다.

125

내가 아니면 안 된다고 생각하지 마라. 나밖에 없다
고 생각하면 교만한 마음이 생긴다. 나 혼자만이라
도 최선을 다해야 한다. 묵묵히 자기 할 일을 하는
것이 선한 마음이다.

126

좋은 마음으로 시작했으면 싫은 때가 와도 좋은 마음으로 끝내야 한다. 좋은 마음으로 시작해서 좋지 않은 마음으로 끝내면 자아가 드러난 것이다.

127

사람이 수행을 하지 기계가 하지 않는다. 수행은 사람이 하는 일이므로 매사에 잘잘못을 따지지 마라. 대상에 개입하면 새로운 번뇌가 일어난다. 사람에게는 좋은 마음도 있고 좋지 않은 마음도 있다. 좋은 것을 선택할 수도 있고 나쁜 것을 선택할 수도 있다. 어떤 것이나 나타난 대상을 있는 그대로 알아차려야 한다. 사람에게는 많은 가능성이 있어서 성공도 하고 실패도 한다. 바로 이런 가능성이 더 높은 지혜를 준다. 좋은 것을 바라고 나쁜 것을 배척하지 말고 모두 대상으로 알아차려야 한다. 이렇게 해서 생긴 관용이 궁극의 길로 인도한다.

수행자는 옷장 서랍에 각각 필요한 옷을 넣어 정리하는 사람이다. 수행을 하지 않으면 옷장 서랍에 옷을 뒤죽박죽 집어넣어 정리하지 않는 사람이다. 단순한 생각으로 하나의 목표를 향해서 가는 사람이 수행자다. 헝클어진 생각으로 복잡하게 사는 사람은 분열증을 앓고 있는 사람이다.

누구나 자신의 말을 한다. 남을 비난하는 것도 자신의 말이며 남을 칭찬하는 것도 자신의 말이다. 아무 말도 하지 않는 것도 자신의 말이다. 그러므로 말을 하거나 하지 않거나 모두 자신의 견해를 밝히는 것이다. 이러한 견해는 오직 자신의 생각이다. 그러나 이 세상에는 자신만 있는 것이 아니다. 자신의 말을 듣는 상대도 있다. 말은 자신의 의견을 드러내기 위해서 하지만 상대의 의견을 듣기 위해서도 한다. 이 두 가지의 요소가 조화를 이루어야 비로소 바른 말이라고 할 수 있다. 내가 나의 말을 하듯이 상대에게도 자신의 말이 있다. 그러므로 일방적으로 자신의 말만 하면 나의 생각을 강요하는 것이라서 바른 말이라고 할 수 없다.

생명의 태어남은 한 일생의 태어남이 있고, 매순간의 태어남이 있다. 한 일생의 태어남은 욕계, 색계, 무색계 중에서 하나의 생명으로 태어나는 것이다. 매순간의 태어남은 태어난 생명이 매순간 일어나고 사라지는 과정을 거치면서 생존하는 것이다. 이처럼 태어남이란 두 가지가 있는데 한 일생을 단위로 정신과 물질이 바뀌는 태어남이 있고, 이렇게 태어난 생명이 매순간을 단위로 정신과 물질이 바뀌는 태어남이 있다. 두 가지 태어남의 동질성은 매순간 일어나고 사라지는 현상이 거듭되는 것이다. 이러한 태어남에 자아는 없고 단지 원인과 결과만 있다. 그러므로 내가 태어나는 것이 아니고 단지 정신과 물질이 조건에 의해 태어난다.

자기 기분이 좋으면 좋은 일이 생겼을 때 기분이 좋고, 나쁜 일이 생겨도 관대하게 수용한다. 자기 기분이 나쁘면 좋은 일이 생겼을 때 기분이 나쁘며, 나쁜 일이 생기면 더욱 화를 낸다. 자신의 감정에 따라 좋은 일과 나쁜 일이 다르다. 나의 기분에 따라 반응이 다르므로 남도 기분에 따라 반응이 다르다. 나의 반응도 조건에 의한 것이므로 남의 반응도 조건에 의한 것이다. 느낌은 매순간 조건에 의한 것이므로 나의 느낌이 아니고 단지 느낌이며, 남도 그의 느낌이 아니고 단지 느낌이다. 수행자는 좋을 때나 나쁠 때나 항상 자신의 느낌을 알아차려야 한다. 이러한 알아차림이 있을 때만이 흔들림이 없는 평온한 느낌을 가질 수 있다.

어디서 왔는지 알 수 없는 바람이 분다. 바람에 나뭇잎이 흔들린다. 나뭇잎을 보는 내 마음도 흔들린다. 바람도 흔들리고, 나뭇잎도 흔들리고, 나뭇잎을 보는 내 마음도 흔들린다. 나뭇잎이 흔들리는 것을 보고 바람이 흔들리는 것을 안다. 나뭇잎이 흔들리는 것을 보고 내 마음이 흔들리는 것을 안다. 단지 흔들리는 것만 알면 바람이 어디서 왔는지, 마음이 왜 흔들리는지 알 필요가 없다. 거기에는 오직 무상만 있다.

위빠사나 수행을 하는 목적은 오직 자신의 괴로움을 해결하기 위한 것이다. 그러기 위해서는 반드시 수행을 해서 존재하는 것들의 속성을 알아야 한다. 진리가 있어도 모든 사람들에게 진리가 아니다. 진리를 이해할 수 있는 사람에게만 진리다. 진리는 항상 자신의 정신과 물질에 있지만 이것을 이해하는 사람에게만 문이 열려있다. 궁극의 진리는 정신과 물질이 가지고 있는 실재다. 그 실재는 변한다는 뜻의 무상과, 불만족이라는 뜻의 괴로움과, 자아가 없다는 뜻의 무아다. 이상의 세 가지 진리를 알면 모든 것이 변하기 때문에 집착할 것이 없으며, 괴로움이기 때문에 집착할 것이 없으며, 내 마음이 아니기 때문에 집착할 것이 없다.

134

바른 길을 가는 사람이 바른 법을 바른 법으로 안다. 삿된 길을 가는 사람은 삿된 법을 바른 법으로 안다. 자신이 바른 법의 기준을 결정하면 독선에 빠진다. 바른 법의 기준은 위대한 스승의 가르침에 의해서만 밝혀진다.

135

내가 나를 안다고 해도 생각으로 아는 것이지 실재를 아는 것이 아니다. 내가 남을 안다고 해도 생각으로 아는 것이지 실재를 아는 것이 아니다. 나의 몸과 마음은 나의 것이 아니고, 내가 아니고, 나의 자아가 아니다. 나의 몸과 마음을 소유하는 그런 나는 없다. 매순간 조건에 의해 일어나고 사라지는 몸과 마음만 있다. 남의 몸과 마음도 그의 것이 아니고, 그가 아니고, 그의 자아가 아니다. 그의 몸과 마음을 소유하는 그런 그는 없다. 그에게도 매순간 조건에 의해 일어나고 사라지는 몸과 마음만 있다. 생각으로 아는 것은 고정관념으로 아는 것으로 사물의 바른 성품을 본 것이 아니다. 지혜로 알아야 비로소 사물의 바른 성품을 본다.

136

좋아하는 것도 두 가지가 있다. 좋아하는 것을 좋아하는 갈애와, 좋아하지 않는 것을 좋아하는 갈애가 있다. 좋아서 계속 집착하는 욕망이 있으며, 미워서 계속 집착하는 욕망이 있다. 양극단의 욕망은 하나의 마음에서 나오기 때문에 같은 성질을 가지고 있다.

137

극단적인 사람은 좋은 일도 극단적으로 하고, 싫은 일도 극단적으로 한다. 극단적인 사람은 극단적인 행동을 할 때 존재의 의미를 느낀다. 극단적인 마음에는 감각적 욕망이 있어 아름답지 못하다. 극단적인 마음에는 부드러움이 없어 아름답지 못하다. 좋아하는 것을 알아차리고, 싫어하는 것을 알아차려서 중도를 지켜야 아름다우며 행복하다.

불선과보심이 불선심을 일으켜 남이 하는 선하지 못한 행위를 흉내 낸다. 이때 내가 선하지 못한 행위를 하는 것이 아니다. 다만 그 순간의 마음이 흉내를 낸다. 선과보심이 선심을 일으켜 남이 하는 선한 행위를 흉내 낸다. 이때 내가 선한 행위를 하는 것이 아니다. 다만 그 순간의 마음이 흉내를 낸다. 선하지 못한 흉내를 내거나 선한 흉내를 내거나 내가 흉내를 내는 것이 아니지만 일단 행위가 있었기 때문에 그 과보는 받아야 한다. 이때도 내가 그 과보를 받는 것이 아니고 그 순간의 몸과 마음이 받는다. 행위를 하는 자도 없고 받는 자도 없지만 행위와 과보는 있다. 그러므로 나라고 알고 있는 나는 사실 꼭두각시에 불과하다.

갈등이 괴로운 사람은 문제를 일으키지 않는다. 갈등을 즐기는 사람은 끊임없이 문제를 일으킨다. 문제가 많은 사람은 구조적으로 문제를 일으킬 요소를 안고 있다. 문제를 일으키는 요소는 어리석음과 욕망과 자아다. 문제를 일으키지 않는 요소는 지혜와 관용과 무아다. 수행은 어리석음에서 지혜를, 욕망에서 관용을, 자아에서 무아를 갖게 한다.

140

자기 기준으로 세상을 본다. 세상의 기준은 사람 수
만큼 많다.

141

연기는 모든 것이 원인에 의존해서 일어나는 결과
를 말한다. 연기는 인류의 시원이 언제부터인가를
밝히기 위해서 있지 않다. 그래서 인간의 진화를 말
하지 않는다. 연기는 오직 한 인간의 태어남과 늙음
과 죽음에 대한 것을 밝히기 위해서 설해졌다. 모든
생명의 탄생은 괴로움이고 괴로움의 원인은 무명
과 갈애인 것을 밝힌다. 이러한 원인을 앎으로써 괴
로움에서 벗어나는 길을 알 수 있다. 생명의 탄생은
과거의 원인으로부터 현재로 온 것이며 다시 현재
의 원인으로부터 미래의 결과로 간다. 여기에는 자
아가 없고 오직 원인과 결과가 있다. 수행자는 현재
의 원인을 만들지 않아 미래의 태어남에서 자유롭
기 위해 노력하는 사람이다.

142

일어나면 사라지고 만나면 헤어져야 한다. 만들어진 것은 부서지고 태어나면 죽어야 한다. 시간의 차이가 있을 뿐 일어난 것은 사라진다. 촛불이 바람에 꺼지듯이, 물방울이 생겼다 없어지듯이. 모래 위에 쓴 글씨가 바닷물에 사라지듯이. 무엇이 내 것이고 무엇이 나인가? 다만 일어나서 사라지는 현상만 있다.

143

살아온 지난날들이 험했던 것처럼 앞으로 살아 갈 날도 예측할 수 없다. 과거의 원인으로 현재가 있고 현재의 원인으로 미래가 있다. 과거에 준비가 있었다면 현재가 풍요로울 것이고 현재 새로운 준비를 하면 미래가 풍요로울 것이다. 과거는 이미 지나간 것이라서 돌이킬 수 없고 아직 오지 않은 미래는 예측할 수 없지만 현재의 연장선상에 있다. 내가 할 수 있는 일이란 현재의 몸과 마음을 알아차려서 미래를 준비하는 것이다. 따뜻할 때 추운 겨울을 준비해야 한다.

이 세상에 태어났으면 늙음을 피할 수 없으며, 질병을 피할 수 없다. 죽음을 피할 수 없으며, 사랑하는 사람과 헤어지는 것을 피할 수 없다. 그리고 자신이 소유한 물건을 모두 버리고 떠나야 한다. 이것을 비켜갈 사람은 아무도 없다. 누구나 행한 대로 오고, 행한 대로 간다. 생로병사를 피하고 만남과 헤어짐에서 벗어나고 소유한 모든 것에서 벗어나기 위해서는 느낌을 느낌으로 알아차려서 갈애를 일으키지 않아야 한다.

세상에는 좋은 일도 있고 나쁜 일도 있다. 좋은 일이 있을 때 나쁜 일이 따르면 좋은 것을 집착하지 말라는 교훈으로 받아들여야 한다. 모든 일이 다 좋으면 좋은 것을 집착하여 감각적 욕망에 눈이 먼다. 좋은 일을 집착하면 나쁜 일을 견디지 못해 괴로움을 겪는다. 좋은 일이 괴로움의 원인이라면 결코 좋은 일이라고 볼 수 없다. 그러므로 좋은 일이나 나쁜 일이나 단지 대상으로 알아차려야 한다. 모든 것을 대상으로 알아차리면 마음이 평정한 상태가 되어 괴로움이 따르지 않는다. 좋은 일이라고 해서 끝까지 좋지는 않다. 나쁜 일이라고 해서 끝까지 나쁘지는 않다. 좋거나 싫거나 일어나고 사라지는 한순간의 느낌에 불과하다.

깨달음의 정신세계에서는 희열도 하나의 과정이다. 희열을 벗어난 평안의 정신세계로 가야한다. 평안도 하나의 과정이다. 평안에서 벗어난 집중의 정신세계로 가야한다. 집중도 하나의 과정이다. 집중에서 벗어난 평등의 정신세계로 가야한다. 평등도 하나의 과정이다. 평등에서 벗어난 지혜의 정신세계로 가야한다. 최고의 지혜도 하나의 과정이다. 그러나 최고의 지혜가 끝날 때 모든 과정이 끝난다. 이 세상에 존재하는 것은 오직 과정이 연속되는 것과 과정이 끝나는 것, 두 가지만 있다.

사람을 완전하게 알 수가 없으므로 어떤 사람인지 판단하기가 어렵다. 사람의 마음은 매순간 조건에 따라 일어나고 사라지기 때문에 같은 마음이 아니다. 만약 자아가 있어서 변하지 않는 마음이 있다면 어떤 사람이라고 단정하기가 쉬울 것이다. 마음은 항상 변하고 자아가 없어서 사람의 마음은 예측할 수 없다. 대체로 어떤 성향을 가졌느냐에 따라서 그 사람을 평가하지만 이것도 정확하지가 않다. 그러므로 사람을 판단할 때 어떤 사람이라고 선입관을 가지고 보아서는 안 된다. 고정관념을 가지고 보면 마음에 대한 진실을 알지 못한다. 사람을 볼 때는 사람을 보지 말고 마음을 보아야 한다. 이 마음은 매순간 생멸하며 자아가 없다.

필요한 사람이 되어라. 나에게도 필요한 사람이 되고, 남에게도 필요한 사람이 되어야 한다. 자신이 해야 할 일을 열심히 하면 좋은 재목이 된다. 필요 없는 사람이 되면 썩은 나무토막처럼 쓸모가 없어진다. 감각적 욕망대로 살면 자신에게 해가 되며, 다른 사람에게도 고통을 준다. 감각적 욕망을 제어하기 위해서는 인내해야 한다. 기분대로 사는 것이 행복이 아니다. 기분을 절제하면 더 큰 행복이 있다. 자신의 가치는 스스로가 만든다.

성냄과 탐욕과 어리석음은 진실을 파괴하는 성질을 가지고 있어 모두 선하지 못한 마음이다. 이 세 가지 마음은 선하지 못한 마음의 모든 뿌리에 해당한다. 성냄은 위장술이 없어서 숨길 줄 모른다. 성냄은 때와 장소를 가리지 않고 겉으로 드러나기 때문에 의식의 표면에 있는 가장 천박한 마음이다. 탐욕은 위장술이 있어 자기 정체를 숨길 줄 안다. 탐욕은 겉으로는 드러내지 않고 의식의 중간층에 있으면서 모든 것을 망쳐놓는다. 어리석음은 모르는 마음이라 숨길 것이 있는지 조차도 모르는 깊은 무지다. 어리석은 마음은 의식의 가장 깊은 곳에 숨어있는 선하지 못한 마음의 근원이다. 어리석음의 특성은 어리석음을 부정하는 것이다.

이성적인 사람이라고 해서 바위처럼 단단한 마음을 가진 것만은 아니다. 다만 이성적인 성향이 강할 뿐이며 이성적인 조건이 성숙되어서 그런 행위를 한다. 이성적인 사람에게도 감성은 있다. 감성적인 사람이라고 해서 꽃잎처럼 부드러운 마음을 가진 것만은 아니다. 다만 감성적인 성향이 강할 뿐이며 감성적인 조건이 성숙되어서 그런 행위를 한다. 감성적인 사람에게도 이성은 있다. 누구나 이성적인 마음과 감성적인 마음을 함께 가지고 있다. 어느 쪽의 성향이 강하다고 해서 다른 쪽의 성향이 없는 것이 아니다. 어떤 조건에 처했느냐에 따라서 이성이 작용할 수 있고, 감성이 작용할 수 있고, 때로는 두 가지가 다 작용할 수 있다.

재산은 내가 얻으려고 해서 얻고, 지킨다고 해서 지켜지지 않는다. 건강은 내가 얻으려고 해서 얻고, 지킨다고 해서 지켜지지 않는다. 명예는 내가 얻으려고 해서 얻고, 지킨다고 해서 지켜지지 않는다. 생명은 내가 얻으려고 해서 얻고, 지킨다고 해서 지켜지지 않는다. 모두 나의 의지대로만 되지 않고, 올 만해서 오고 갈 만해서 간다. 오고 감을 집착하지 말고, 왔으면 온 것을 알아차리고 갔으면 간 것을 알아차려야 한다. 일어난 것은 반드시 사라지고, 만나면 언젠가는 헤어져야 한다. 이것을 피할 자는 아무도 없다. 모든 것을 있는 그대로 알아차려야 대상이 가지고 있는 법의 성품을 보아 괴로움으로부터 자유로워진다.

옹달샘

1 2 3 4 5 **6** 7 8 9 10 11 12

지혜가 나야 괴로움이 소멸하고,

알아차려야 지혜가 난다. 괴로움은 지혜에 의해서 소멸되고,
지혜는 알아차림에 의해서 일어난다.
알아차려서 지혜가 나면 전에 없던 깨달음이 일어난다.
전에 없던 깨달음이 일어나야 있던 괴로움이 소멸한다.
새로운 깨달음이 일어나려면 있는 그대로 알아차려야 한다.

152

자존심이 강하면 사소한 일을 크게 여기고, 중요한 일을 사소하게 여긴다. 모든 일을 자기 위주로 생각하면 진실을 알지 못한다. 자신만 생각하면 나의 사랑만 있고, 상대의 사랑은 없다. 자존심으로 하는 사랑은 일방적이고 파행적이다. 사랑은 쌍방적일 때가 진정한 사랑이다.

153

수행자는 세상일에 호기심을 갖지 않는다. 그래서 불필요한 일을 만들지 않는다. 세상의 일이란 모두 동일한 방식으로 진행되기 때문에 궁금할 것이 없다. 감각적 욕망을 즐기는 사람은 세상의 일에 호기심을 갖는다. 그래서 항상 새로운 일을 만든다. 이런 사람은 세상의 일이 모두 동일한 방식으로 진행되는 것을 모르기 때문에 궁금한 것이 많다. 모든 것은 원인과 결과의 방식으로 진행되며 행한 대로 받는 공식만 있다. 이것을 알면 세상에 있는 모든 일에 대해 의문이 풀려 궁금할 것이 없다.

154

게으름은 어리석음에서 나온다. 게으르면 고통에서
벗어나는 것도 귀찮아한다.

155

최고가 되려고 하지 말고 최선을 다해야 한다. 최고
는 최선을 다하면 자연스럽게 이루어진다. 최선 없
이 최고만 있으면 아무 것도 이루지 못한다. 목표를
집착하면 바른 실천을 하지 못한다.

156

지혜가 나야 괴로움이 소멸하고, 알아차려야 지혜
가 난다. 괴로움은 지혜에 의해서 소멸되고, 지혜는
알아차림에 의해서 일어난다. 알아차려서 지혜가
나면 전에 없던 깨달음이 일어난다. 전에 없던 깨달
음이 일어나야 있던 괴로움이 소멸한다. 새로운 깨
달음이 일어나려면 있는 그대로 알아차려야 한다.

157

복은 남이 주지 않는다. 오직 스스로의 노력으로 바
른 생활을 해서 얻는다.

158

이상이 높으면 성취하는 것이 많지만 그만큼 괴로
움도 많다.

우물가에 와서 물을 먹지 않고 우물을 안다고 하지 마라. 우물을 보는 것은 관념이고, 물을 먹는 것이 실재다. 우물을 보는 것은 생각이고, 물을 먹는 것이 수행이다. 생각에 그치고 말면 우물가에 와서 물을 먹지 않는 것이다.

사람은 잠재되어 있는 여러 가지 성향의 마음을 가지고 있다가 조건이 성숙되면 그 조건에 따른 마음이 일어난다. 선한 조건이 성숙되면 선한 마음이 일어나고, 나쁜 조건이 성숙되면 악한 마음이 일어난다. 사람들은 항상 선할 수도 없고, 그렇다고 항상 악하지도 않다. 좋은 조건을 성숙시키기 위해서는 훌륭한 가르침을 만나고, 훌륭한 스승을 만나고, 훌륭한 사람을 만나야 한다. 나쁜 조건을 성숙시키는 가르침을 만나지 말아야 하고, 삿된 길로 인도하는 스승을 만나지 말아야 하고, 좋지 않은 사람을 만나지 말아야 한다. 자신에게 있는 나쁜 성향이 나타나지 않도록 하기 위해서는 나타난 모든 대상을 있는 그대로 알아차려야 한다.

161

이렇게 하든 저렇게 하든, 할 일은 해야 한다. 어차피 가야할 길이면 바르게 가자. 어차피 할 일이면 즐겁게 하자. 어차피 겪을 고통이면 기꺼이 겪자. 어차피 죽어야 하면 뜻있게 죽자.

162

자신의 입장만 내세우면 대상을 바르게 볼 수 없다. 상대의 입장을 배려해야 비로소 대상을 바르게 본다. 가장 이상적인 것은 자신의 입장과 상대의 입장을 모두 헤아려서 보는 것이다. 안과 밖을 함께 알아차리는 것이 중도다. 모든 일에서 상호의 소통이 없으면 자신도 평화로울 수 없으며 상대도 평화롭지 못하고 사회가 평화롭지 못하다. 자신의 입장만 내세우면 인간관계가 바르게 지속되기 어렵다. 그렇다고 무조건 상대의 입장만 배려할 수도 없는 일이다. 상대의 입장만 배려하면 또 다른 독선에 빠질 위험이 있다. 자신의 입장도 고려하고 상대의 입장도 고려하려면 대상을 있는 그대로 알아차려야 한다. 이것이 위빠사나 수행이다.

모든 사람들은 저마다의 향기를 가지고 있으면서 동시에 악취를 가지고 있다. 향기는 선한 조건이 성숙되어 선한 마음을 가질 때 나타난다. 선한 마음을 가지면 향기가 나는 행동을 한다. 악취는 선하지 못한 조건이 성숙되어 선하지 못한 마음을 가질 때 나타난다. 선하지 못한 마음을 가지면 악취가 나는 행동을 한다. 선한 마음을 갖기 위해서는 자신의 몸과 마음을 알아차려야 한다. 선하지 못한 마음을 선한 마음으로 바꾸기 위해서도 자신의 몸과 마음을 알아차려야 한다. 자신의 몸과 마음을 알아차리는 순간에는 번뇌가 침투할 여지가 없다. 이렇게 알아차리는 수행을 해야만 청정해지며 대상을 꿰뚫어 보는 통찰지혜가 생긴다.

164

생각으로는 못할 것이 없다. 실천을 해야 진실한 것이다. 어리석으면 수많은 생각으로 산다. 지혜가 있으면 한 가지 생각으로 산다.

165

세상에는 세상의 기준이 있고 자신에게는 자신의 기준이 있다. 세상의 기준과 자신의 기준이 맞을 때도 있지만 맞지 않을 때도 있다. 모든 오해와 갈등은 이러한 기준의 차이에서 발생한다. 그러므로 이 세상의 일에는 오해와 갈등이 생길 수밖에 없다. 과연 어느 기준이 옳고, 어느 기준이 그른가를 따져서는 바른 기준을 알 수가 없다. 세상에는 세상의 기준이 있다고 알아차리고, 자신에게는 자신의 기준이 있는 것을 알아차려야 한다. 이러한 알아차림에 의해서만이 바른 기준이 확립된다. 세상의 기준을 알아차리면 세상의 기준을 수용하게 되어 정견이 생긴다. 자신의 기준을 알아차리면 자신의 기준을 수용하게 되어 정견이 생긴다.

내가 받는 대우는 언제나 합당한 것이다. 자신에 대한 대우는 자신이 한 행위대로 받는다. 자신이 선한 행위를 했으면 선한 대우를 받고, 선하지 못한 행위를 했으면 선하지 못한 대우를 받는다. 그렇다고 자신이 선한 행위를 했다고 해서 반드시 선한 대우를 받는 것은 아니다. 상대가 나를 이해할 의무가 없기 때문에 상대의 행위는 단지 상대의 일이다. 상대가 자신을 대우하지 않는 것이나 그런 상대를 불쾌하게 여기는 것이나 서로가 다를 것이 없다. 수행자는 특별한 대우를 받으려고 해서는 안 된다. 상대로부터 최상의 대우를 받을 때도 알아차려야 한다. 상대로부터 최악의 대우를 받을 때도 알아차려서 평정심을 유지해야 한다.

167

사는 것은 혼자지만 혼자서는 살 수가 없다. 자신의 감각기관이 감각대상과 부딪쳐야 하기 때문에 혼자면서도 혼자가 아니다. 더불어 사는 사회에서 이기적인 마음으로 살면 혼자만 사는 고독한 성에 갇힌 사람이다.

168

자신의 가치는 자신의 행동으로부터 나온다. 자신의 행동은 자신의 말로부터 나온다. 자신의 말은 자신의 생각으로부터 나온다. 자신의 생각은 자신의 축적된 성향으로부터 나온다. 자신의 축적된 성향이 품위가 있으면 품위가 있는 생각을 한다. 품위가 있는 생각을 하면 품위가 있는 말을 한다. 품위가 있는 말을 하면 품위가 있는 행동을 하여 자신의 가치를 결정한다. 기존의 축적된 성향은 과거의 어리석음과 갈애로 인해 형성된 것이다. 새로운 축적된 성향을 형성하려면 몸과 마음을 끊임없이 알아차려서 통찰지혜를 얻어야 한다. 모든 것은 원인이 있어서 생긴 결과다. 결과는 다시 원인이 되어 새로운 결과를 지속시킨다.

169

중도(中道)는 아무것도 하지 않고 중립을 지키는 행위가 아니다. 중도는 감각적 욕망에 빠지지 않고 극단적 고행을 즐기지 않고 바른 것을 실천하는 행위다. 양극단에 치우치지 않고 옳은 것을 적극적으로 실천해야 중도라고 할 수 있다. 여덟 가지 바른 삶인 팔정도가 중도며 이것을 실천하는 위빠사나 수행이 중도다. 위빠사나 수행은 대상을 분리해서 알아차리기 때문에 어떤 경우에도 치우침이 없어 바른 견해가 생긴다.

170

머물면 정체되고 앞서가면 위험하다. 보수만 있고 진보가 없으면 부패한다. 진보만 있고 보수가 없으면 파괴된다. 때에 따라서 나아갈 때와 멈출 때가 있어야 한다. 있는 그대로 알아차리면 보수와 진보가 함께 있어 균형이 잡힌다. 무엇이나 옳고 그름이 있는 것이 아니다. 부족하면 채워주고 넘치면 빼주어야 한다. 상황에 따라 알맞은 균형을 이루어야 바른 삶을 산다.

사랑하기 때문에 상대를 집착하면 사랑이 아니고 느낌을 집착하는 것이다. 이때 상대는 없고 오직 자신의 느낌만 있다. 자기 욕망을 충족시키는 사랑은 진실한 사랑이 아니다. 자기 욕망을 포기할 줄 아는 사랑이 진실한 사랑이다. 진실한 사랑은 자기 입장만 내세우지 않고 상대의 입장을 배려한다. 상대를 집착하면 상대를 떠나보낼 수 없어서 진실한 사랑이 아니다. 소유를 뛰어넘어야 진정한 사랑이다.

태어남은 죽음을 위한 것이며 죽음은 또 다른 태어남을 위한 것이다. 어떤 원인에 의해 몸과 마음이 생겨서 태어나는 결과가 있으면 반드시 죽음을 향해서 간다. 죽음은 죽음으로 그치지 않고 새로운 태어남을 일으키는 원인을 제공한다. 그래서 태어나고 죽는 윤회를 거듭한다. 이때 내가 태어나는 것이 아니고 내가 죽는 것이 아니다. 원인에 의해 태어나고 결과가 있어서 죽는다. 태어나고 죽는 것은 원인과 결과이지 자아가 있어서 내가 태어나고 죽는 것이 아니다. 그러므로 태어나는 것도 내가 아니며 죽는 것도 내가 아니고 다시 태어나는 것도 내가 아니다. 다만 인과응보의 원인과 결과로 다시 태어나는 재생이 있고 죽음이 있다.

괴로운 얘기를 하지 말고 좋은 얘기만 하자고 한다. 슬픈 얘기를 하지 말고 즐거운 얘기만 하자고 한다. 그러면 얼마나 좋겠는가? 하지만 할 얘기는 해야 한다. 좋은 일이 있을 때 애써 괴로움을 들추어낼 필요는 없다. 즐거운 일이 있을 때 애써 슬픔을 들추어낼 필요는 없다. 하지만 괴로움이 있을 때는 괴로움 외면하지 말아야 한다. 슬픔이 있을 때는 슬픔을 외면하지 말아야 한다. 오직 좋은 얘기만 하기 위해서 실재하는 괴로움이나 슬픔을 피하지 말아야 한다. 오히려 괴로움과 슬픔을 알아차려야 번뇌가 해결된다. 괴로움과 슬픔을 피하면 번뇌를 키운다. 괴로움과 슬픔을 있는 그대로 알아차릴 때만이 지혜가 나서 자유를 얻는다.

생각은 일어난 순간에 사라지고 지혜도 일어난 순간에 사라진다. 가치가 있는 것이나 가치가 없는 것이나 일어난 것은 모두 사라진다. 일어나서 사라진 것은 이미 실재하는 것이 아니다. 그 순간의 마음이 경험한 것이지 나의 것이 아니다. 그러므로 이미 사라진 것을 집착하지 말아야 한다. 그 많은 생각을 기억할 수 없고 그 많은 지혜를 기억할 수 없다. 생각에는 종자가 있어서 같은 종류의 새로운 생각을 거듭한다. 지혜에도 종자가 있어서 같은 종류의 새로운 지혜가 거듭난다. 생각하는 사람은 자기 생각대로 살고, 지혜가 난 사람은 자기 지혜대로 산다. 위빠사나는 생각 속에서 살지 않고 지혜로 살아가는 방법을 배우는 수행이다.

도(道)는 일어나서 사라지는 소멸을 의미한다. 그러므로 무상이 도다. 몸과 마음에 있는 실재하는 현상은 소멸의 도다. 소멸한 것은 다시 찾지 말아야 한다. 소멸한 것은 실재하지 않고 찾아봐야 없기 때문이다. 없는 것을 찾는 것은 관념을 찾는 것이다. 모든 생명은 거대한 소멸의 흐름 속에 있다. 소멸을 받아들이는 것이 순리에 귀의하는 것이다. 소멸을 받아들일 때만이 비로소 소멸로부터 자유로워진다. 일어났다가 사라지는 모든 것은 소멸의 법을 드러내고 있다. 태어남과 죽음, 젊음과 늙음, 만남과 헤어짐, 좋아함과 싫어함, 한 생각에서 다른 생각하기, 생각했다가 잊어버림, 알다가 모르거나 모르다가 아는 것은 모두 소멸의 도다.

누구나 자기 말을 한다. 나는 나의 말을 하고 상대는 상대의 말을 한다. 누구나 자기 말을 하면서 자기가 옳다고 한다. 나는 내가 옳다고 하고 상대는 상대가 옳다고 한다. 이런 상태에서는 옳고 그름이 없다. 모두 자신이 처해있는 입장에서 말하기 때문이다. 옳고 그름 없이 나의 말과 상대의 말을 있는 그대로 알아차려야 바른 견해를 가질 수 있다. 옳고 그름을 판단하지 않고 있는 그대로 알아차리는 것이 옳은 것이다. 이것이 위빠사나 수행의 알아차림이다. 위빠사나 수행의 알아차림은 답을 얻으려고 하지 않고 그냥 있는 사실을 알아차려서 제3의 시각을 갖는다. 그러면 있는 사실을 객관적으로 조명할 수 있는 지혜가 생긴다.

내가 볼 때 내가 보는 것이 아니다. 보려는 의도가 있어서 보는 결과가 있다. 보려는 의도는 원인이고 보는 행위는 결과다. 내가 앉을 때 내가 앉는 것이 아니다. 앉으려는 의도가 있어서 앉는 행위가 있다. 앉으려는 의도는 원인이고 앉는 행위는 결과다. 내가 알아차릴 때 내가 알아차리는 것이 아니다. 알아차리려는 의도가 있어서 알아차리는 행위가 있다. 알아차리려는 의도는 원인이고 알아차리는 행위는 결과다. 이렇게 아는 것이 있는 그대로 아는 것이다. 있는 그대로 알아야 바르게 안다. 내가 행하는 것은 내가 있어서 하는 것이 아니고 원인과 결과가 한다. 통찰지혜가 나면 내가 행하면서도 내가 하는 것이 아님을 안다.

과거는 이미 지나간 것이라서 실재하지 않는 관념이다. 과거에 모르고 한 행동은 불가피한 것이다. 돌이킬 수 없는 과거의 일로 괴로워하지 마라. 과거에 매달리면 어리석기 때문에 실재하지 않는 것을 집착한다. 과거에 사로잡혀 있는 사람은 현재 자신이 해야 할 일을 망각하고 있다. 현재 자기가 해야 할 일은 과거에 사로잡혀있는 것을 알아차리는 것이다. 알아차리면 과거가 아닌 현재로 와서 새로운 원인을 만든다. 현재 모르고 하는 행동은 불가피한 것이 아니다. 과거에 몰랐다고 지금도 몰라서는 안 된다. 과거는 바꿀 수 없지만 현재는 바꿀 수 있다. 현재의 몸과 마음을 알아차리면 과거와 현재와 미래가 모두 함께 있다.

선한 일을 한다고 해서 반드시 좋은 결과만 있는 것은 아니다. 오히려 선한 일을 하고 나쁜 결과가 생길 수도 있다. 세상에는 선심과 불선심이 있어서 선한 일을 할 때 선하지 못한 사람은 받아들이지 못하고 반발한다. 모든 일에는 조건이 있기 때문에 상황에 따라 결과가 다르게 나타난다. 선한 일을 하려는 의도만 있으면 결과가 어떻든 중요하지 않다. 선한 의도를 가지고 선한 행위를 했으면 결과에 상관없이 선업의 과보가 생긴다. 선한 행위를 한순간 자신의 마음이 평화롭기 때문에 즉시 선한 과보를 받는다. 그 이후의 선한 과보는 자신이 결정하지 못한다. 모든 선과보와 불선과보는 조건이 성숙되었을 때 자연스럽게 나타난다.

180

내가 아는 지식이 반드시 옳은 것은 아니다. 내가
지켜온 전통이 반드시 옳은 것은 아니다. 무엇이나
옳은 것과 옳지 않은 것이 함께 있다. 통찰지혜로
알아차려야 비로소 옳은 것을 안다. 모든 형상과 오
온이 나의 것이 아니고, 내가 아니고, 나의 자아가
아니라고 알아야 바르게 아는 것이다.

181

인간은 욕계, 색계, 무색계, 출세간계의 마음을 가지
고 있다. 지금 잔인하고 살생을 하면 지금도 지옥에 살
고 죽어서 지옥에 간다. 지금 어리석고 탐욕이 많으면
지금도 축생으로 살고 죽어서 축생이 된다. 지금 인색
하고 집착이 강하면 지금도 아귀로 살고 죽어서 아귀
가 된다. 지금 화를 많이 내면 지금도 아수라로 살고
죽어서 아수라가 된다. 지금 계율을 지키면 지금도 인
간으로 살고 죽어서 인간이 된다. 지금 믿음, 보시, 계
율을 지키면 지금도 욕계천상에 살고 죽어서 욕계천상
에 간다. 지금 고요하면 지금도 선정의 세계에 살고 죽
어서 색계, 무색계에 간다. 지금 지혜가 있으면 지금
도 출세간의 세계에 살고 죽어서 태어나지 않는다.

옹달샘

1 2 3 4 5 6 **7** 8 9 10 11 12

자신의 몸과 마음을

모르고 사는 사람은 허무한 세월을 산다.

자신의 몸과 마음을 알아차리고

사는 사람은 진실한 세월을 산다.

182

내가 아는 것 너머에 아는 것이 있다. 내가 아는 것
속에 아는 것이 있다. 내가 아는 것이 전부가 아니다.

183

수행자는 몸과 마음을 속박하지 않고 있는 그대로
알아차려서 자유를 얻는다. 수행자는 신비로운 것
에 현혹되지 않고 있는 그대로 알아차려서 진실을
찾는다. 수행자는 감정의 지배를 받으며 살지 않고
이성으로 사물을 통찰한다. 수행자는 드러난 모양
으로 판단하지 않고 대상이 가지고 있는 실재하는
뜻으로 판단한다. 수행자는 욕망의 불로 자신을 태
우지 않고 있는 그대로 알아차려서 욕망의 불을 끈
다. 수행자는 미워하면서 배척하지 않고 있는 그대
로 받아들여서 스스로 평화를 얻는다.

184

자기가 무엇을 하는지 모르는 사람은 시간을 잃어버리고 산다. 자기가 하는 일을 알아차리는 사람은 시간을 만들어서 산다.

185

자신의 몸과 마음을 모르고 사는 사람은 허무한 세월을 산다. 자신의 몸과 마음을 알아차리고 사는 사람은 진실한 세월을 산다.

186

어리석으면 내가 하는 것이 모두 옳은 것으로 안다. 이런 사람은 자신의 잘못을 자각하지 못한다. 이런 사람에게 너는 잘못했기 때문에 나쁘다고 말해야 소용이 없다. 잘못을 비난하기보다 무엇이 더 좋은 일인가를 말해 주어야 한다. 좋은 것과 그렇지 못한 것을 비교할 수 있어야 바른 것에 대한 자각이 일어난다. 그러므로 상대를 교육할 때는 이렇게 할 수도 있고 저렇게 할 수도 있는 방법을 제시하고 스스로 선택하도록 해야 한다.

187

나와 남이 서로 다른 것은 아름다움이다. 내게도 향기가 있고 남에게도 향기가 있다. 서로가 같지 않은 것은 신선한 것이다. 서로 다른 것에는 각각의 고유한 특성이 있다. 서로 다른 것이 화합할 때 사랑이 생긴다. 서로 다른 것이 조화를 이룰 때 아름답다. 모든 것이 같다면 세상의 일이 아니다.

188

축복은 누군가로부터 받아서 얻는 것이 아니다. 자신이 바른 마음을 가지고 바른 행위를 해서 얻는다. 바른 마음으로 바른 행위를 하면 스스로가 만족하여 행복하다. 이것이 축복이다. 바른 마음가짐은 남을 돕기 때문에 남으로부터 사랑을 받는다. 이것이 축복이다. 자신의 감각기관을 알아차리면 삿된 욕망에 사로잡히지 않는다. 이것이 축복이다.

189

게으른 자는 자신의 게으름을 자각하지 못한다. 게
으른 자는 게으름 때문이라고 하지 않고 항상 다른
이유를 댄다. 게으른 자는 게으름 속에서 살기 때문
에 게으를 때가 편안하다. 게으름은 할 것을 하지
않기 때문에 어리석음에 속한다. 어리석음의 가장
큰 손실은 자신이 어리석은지 몰라서 개선될 여지
가 없는 것이다.

190

모르기 때문에 모른다고 말할 수 있고, 모르면서도
아는 것처럼 말할 수 있다. 안다고 해도 조금 알고
서 다 아는 것처럼 말할 수 있고, 지혜가 나서 진실
을 말할 수 있다. 어떤 말을 하거나 한순간의 마음
이 의도해서 하는 것이고 그 순간의 마음은 일어나
서 사라진다. 마음이 일어나서 사라지는 것처럼 말
도 일어난 순간에 사라지므로 이러한 말에 걸릴 것
이 없다. 말의 진실은 일어나서 사라지는 무상이므
로 영원한 것이 아니다.

191

계율은 깨달음이 아니다. 계율은 깨달음의 토대다. 계율을 바탕으로 고요함이 생겨야 지혜가 나서 깨달음을 얻는다. 계율이 목적이 되면 법을 보지 못한다. 계율이 수단이 되어야 고요함이 생겨 사물의 이치를 통찰하는 지혜가 생긴다.

192

좋은 것은 기억하되 좋은 것을 바라지마라. 좋은 것을 기억하면 자애고, 좋은 것을 바라면 탐욕이다. 좋은 것을 기억하면 괴로움이 없지만, 좋은 것을 바라면 괴로워진다. 과거에 좋았던 것은 바라지 않아서 생겼다. 현재에도 좋으려면 바라지 말고 단지 알아차리기만 하라. 현재의 알아차림을 지속하면 미래에도 좋은 것이 상속된다.

193

인내는 사랑을 가져오고 사랑은 지혜를 가져온다. 비난에 비난으로 맞서지 않고 인내하면 사랑이 생긴다. 욕망에 욕망으로 맞서지 않고 인내하면 도를 얻는다. 좋은 열매는 그냥 열리지 않는다. 비와 바람을 견뎌내야 탐스러운 열매가 열린다.

194

모든 것은 일어나서 사라지므로 이미 지나간 일은 잊어버리는 것이 자연스러운 일이다. 과거의 좋은 일을 기억하면 선한 마음이 되고, 과거의 좋지 않은 일을 기억하면 선하지 못한 마음이 된다. 그러므로 좋은 과거는 기억하여 선한 마음이 되도록 해야 하고, 좋지 않은 과거는 잊어버려서 선한 마음이 되도록 해야 한다. 좋지 않은 일은 잊어버려서 비워놓아야 좋은 현재가 새롭게 저장된다. 과거에 있던 괴로운 일들을 모두 기억하여 그 고통을 끌어안을 필요는 없다. 소멸은 오히려 자신을 보호하고 건강하게 하므로 망각을 아쉬워할 것 없다. 많은 것을 기억하면 편안할 수가 없다. 망각이 행복을 주므로 잊어버리고 살아야 한다.

괴로움에 쫓기면 불안을 해소하기 위해서 무엇인가를 더 강하게 잡으려한다. 이때 불선업의 과보가 많으면 새로운 감각적 욕망을 추구하는 일에 몰두한다. 그러나 선업의 과보가 많으면 수행을 해서 지혜를 얻는다. 괴로움이 더 나쁜 상황을 만들 수도 있고, 오히려 좋은 쪽으로 상황을 반전시킬 수도 있다. 그러므로 평소에 선한 일을 하여 선업의 과보를 쌓아야 한다. 그래야 어려움에 처했을 때 선업의 과보로 괴로움에서 벗어나는 바른 길을 갈 수 있다.

수행자가 수행처에 올 때는 자기를 내세우기 위해 와서는 안 된다. 만약 자기를 알아주기를 바라면 수행처에 오래 머물 수 없다. 수행처에 있어야 할 것은 오직 법밖에 없다. 수행자가 수행처에 와서 자기가 한 일에 대한 공덕을 인정받으려고 해서는 안 된다. 자기의 공덕을 인정받으려고 한다면 수행처에 오래 머물 수 없다. 이런 수행자는 자기 스스로가 떠난다. 수행자가 수행처에 와서 스승을 법이 아닌 사람으로 보아서는 안 된다. 스승을 사람으로 보면 요구하는 것이 생기고 얻지 못하면 스승의 허물만 보아 수행처에 오래 머물 수 없다. 위빠사나 수행은 자신을 알아차리는 수행이지 남에게 무엇을 받는 수행이 아니다.

197

탐욕은 어리석은 마음으로 지혜의 눈을 가린다. 탐욕이 앞서면 신의를 버린다. 신의를 버리고 얻은 것은 얻은 것이 아니다. 진실을 버렸기 때문에 오히려 모든 것을 잃은 것이다.

198

행복을 얻기 위해서는 알맞은 때에 맞추어서 스승의 가르침을 듣거나 읽고 배우면서 직접 실천해야 한다. 알맞은 때란 감각적 쾌락에 대한 생각이 일어날 때와, 화를 내는 생각이 일어날 때와, 해악을 초래하는 생각이 일어날 때를 말한다. 이러한 때는 반드시 스승의 법문을 듣고 수행을 해야 한다. 법이 가려져 있을 때는 지혜가 일어나지 않아 정신이 계발되지 않는다. 법이 열려져 있을 때라야 지혜가 일어나 정신이 계발된다. 이러한 때가 아니면 법이 열리지 않아 무지한 상태로 괴롭게 살아야 한다. 법은 보려고 하는 자에게 언제나 열려있다. 그러나 어리석음이 눈을 가리어 법을 보지 못한다. 이것을 스승의 가르침이 열어준다.

남이 나를 비난할 때 무조건 남의 잘못으로 돌려서
는 안 된다. 남의 비난을 받을 때 잘잘못에 상관없
이 과연 자신이 비난받을 만한 행위를 했는지 성찰
해봐야 한다. 상대가 자신을 비난할 때 상대의 잘
못된 성향으로 인해 비난을 할 수도 있다. 또 상대
가 사실을 모르고 오해를 해서 비난을 할 수도 있
다. 또 자신이 잘못을 저질렀기 때문에 당연히 받아
야할 합당한 비난도 있을 것이다. 그러나 잘못된 비
난을 받았다고 하더라도 오히려 다시 한 번 자신의
행위에 주의를 기울이는 기회로 삼아야 한다. 합당
한 비난을 받았을 때는 계정혜를 실천하여 바른 행
위를 하도록 해야 한다. 비난은 항상 있는 일이므로
비난을 약으로 삼아야 한다.

인색한 사람은 마음이 가난한 사람이다. 인색한 사람은 덕이 없는 사람이다. 덕이 없으면 윤택하지 못하여 삭막하게 산다. 인색한 사람은 재물이 있어도 남에게 베풀지도 못하고 자기도 쓰지 못하기 때문에 살아서도 아귀로 살고 죽어서는 아귀가 된다. 인색한 사람은 항상 더 많이 채우려고 하는 탐욕이 있다. 인색한 것이 기쁨이기 때문에 갈수록 더 인색해진다. 인색한 사람은 만족할 줄 모른다. 만족할 줄 모르는 사람은 항상 자신이 가진 것과 남의 것을 비교한다. 만족할 줄 몰라 다른 것을 탐하면 있는 것도 없어지고 얻으려고 하는 것도 얻지 못한다. 설령 재물을 얻었다고 해도 덕이 없으므로 고귀한 정신을 잃어버린 사람이다.

말은 바른데 행위가 바르지 못한 것은 말이 관념이기 때문이다. 말도 바르고 행위도 바를 때가 실제로 바르다. 글은 바른데 행위가 바르지 못한 것은 글이 관념이기 때문이다. 글도 바르고 행위도 바를 때가 실제로 바르다. 말을 하거나 글을 쓰는 것은 생각으로 한 표현일 뿐이므로 실재하는 진실과는 다르다. 마찬가지로 훌륭한 예술가라고 해서 반드시 훌륭한 인격을 가졌다고 볼 수는 없다. 학문이 훌륭하다고 해서 반드시 훌륭한 인격을 가졌다고 볼 수는 없다. 한가지의 재능을 가진 것과 지혜를 가진 것은 다르다. 생각과 말과 행위가 일치하는 진실한 사람이 되기 위해서는 자신의 몸과 마음을 알아차려서 통찰지혜를 얻어야 한다.

202

경험이 없는 믿음은 견고하지 못하다. 수행을 해서 지혜가 나야 견고한 믿음이 생긴다. 누군가에 의해 권고 받은 믿음이나 전통적으로 전해져 오는 믿음은 맹목적인 믿음이라서 견고하지 못하다. 자신이 직접 밭을 일구어 씨를 뿌리고 거름을 주고 수확한 믿음은 확신에 찬 믿음이라서 견고하다.

203

무관심은 세속의 무관심이 있고 출세간의 무관심이 있다. 세속의 무관심도 두 가지가 있다. 하나는 흥미를 잃어 관심이 없는 마음이다. 이 마음은 관심 밖의 마음이라서 대상으로부터 떨어져 있다. 다른 하나는 무관심이면서 대상과 붙어 있는 마음이다. 이 무관심은 싫어서 대상과 마주치지 않으려고 한다. 그래서 관심 안에 있지만 대상과 부딪치려고 하지 않고 피한다. 이 무관심은 겉으로는 관심이 없는 척하지만 내면적으로는 상대가 미워서 증오를 키우고 있다. 출세간의 무관심은 중도의 마음으로 좋고, 싫고, 좋지도 싫지도 않은 것에서 벗어난 마음이다. 그래서 탐욕과 성냄과 어리석음을 일으키지 않아 대상을 집착을 하지 않는다.

열반을 성취한 성자는 거북이와 같고 열반을 모르는 범부는 물고기와 같다. 거북이는 육지에서도 살고 물에서도 살기 때문에 두 곳을 모두 안다. 물고기는 물을 벗어난 육지는 알 수가 없고 오직 물만 안다. 성자는 세간에 살면서 열반을 성취하였기 때문에 출세간과 세간을 모두 안다. 이것은 마치 거북이가 육지와 물을 모두 아는 것과 같다. 범부는 세간에 살면서 열반을 성취하지 못했기 때문에 출세간을 알지 못하고 세간만 안다. 이것은 마치 물고기가 육지는 모르고 물만 아는 것과 같다. 거북이가 물고기에게 육지를 아무리 설명해도 알 수 없다. 성자가 범부에게 출세간을 아무리 설명해도 알 수 없다. 궁극의 진리는 오직 성자만 안다.

자신의 몸과 마음이 있어도 알아차리지 못하면 허송세월을 산다. 실재하는 몸과 마음을 잃어버리면 삶의 진실을 알지 못하고 망각의 세월을 보낸다. 자신의 몸과 마음을 알아차리지 못하면 시간을 분실하고 사는 것이다. 그래서 어리석음과 욕망으로 살아 분노와 슬픔과 비탄의 세월을 보낸다. 자신의 몸과 마음을 알아차리면 잃어버린 시간을 찾아서 유익하게 산다. 몸과 마음을 통하여 시간을 찾아서 쓰기 때문에 삶의 진실을 알아 지혜로운 세월을 산다. 몸과 마음을 알아차리면 지혜로 살기 때문에 관용을 가지고 자애로운 세월을 보낸다. 어리석음은 자신의 몸과 마음에서 나오고 지혜도 자신의 몸과 마음에서 나온다.

206

자아가 있어서 문명이 발전하고, 자아가 있어서 정신이 황폐해진다.

207

마음을 비우려하지 말고 아는 마음으로 가득 채워라. 그러기 위해서는 마음을 알아차려야 한다. 마음을 비우려는 것은 관념이고 마음을 알아차리는 것이 실재다. 마음을 비우려고 하면 비우려는 욕망이 일어난다. 사소한 욕망이라도 있으면 완전한 청정이 이루어질 수 없다. 몸과 마음은 항상 함께 있다. 몸이 있는 한 마음이 함께 있으므로 마음은 어떤 순간에도 몸을 떠날 수 없다. 마음은 오직 대상을 아는 기능밖에 하지 못한다. 그래서 마음은 비울 수 있는 그런 성질의 것이 아니다. 그러므로 언제나 알아차리는 마음으로 가득 채워서 탐욕, 성냄, 어리석음의 번뇌가 붙지 않도록 해야 한다. 이렇게 하는 것이 마음을 비우는 것이다.

208

태양은 낮을 밝히고, 달과 별은 밤을 밝힌다. 지혜
는 낮과 밤을 모두 밝힌다.

209

경전을 암송할 때 단지 암송 하는 것을 목적으로 하
는 방법과, 경전의 의미를 알면서 암송하는 방법이
있다. 경전의 뜻도 모르고 외우면 집중의 효과만 있
고 경전대로 살 수 없다. 경전의 뜻을 알면서 외우
면 지혜를 얻어 경전대로 살 수 있다. 이것이 관념
과 실재의 차이며, 사마타 수행과 위빠사나 수행의
차이다. 번뇌가 많아 혼란한 상태일 때는 경전을 암
송하여 고요함을 얻을 수 있지만, 궁극의 지혜를 얻
기 위해서는 실재하는 뜻을 파악하면서 암송해야
한다. 경전을 암송하는 것에 그쳐 경전처럼 행동하
지 못하면 남의 물건 숫자를 세는 것과 같다. 경전
을 알면서 암송하여 경전대로 행동을 하면 진정한
구도자의 행복을 얻는다.

네 가지 성스러운 진리는 고집멸도(苦集滅道)다. 괴로움이 있고, 괴로움의 원인은 집착이고, 괴로움의 소멸은 열반이고, 괴로움의 소멸에 이르는 길은 팔정도다. 성스러운 진리는 원래 있는 것인데 눈 밝은 성자가 찾아내야 알 수 있다. 그러므로 성스러운 진리는 강제로 주입될 수 있는 것이 아니다. 고귀한 진리가 있어도 모두 자기 수준으로 받아들이므로 모든 사람에게 평등하게 적용되지 않는다. 이때 진리자체가 불평등한 것이 아니고 사람들의 수준이 평등하지 못해서 아는 사람이 있고 모르는 사람이 있다. 항상 있는 법을 찾아내어 행복을 얻는 사람은 눈이 밝은 성자다. 항상 있는 법을 찾아내지 못해 불행한 사람은 눈이 먼 범부다.

모든 대상은 저 스스로의 상태로 그냥 거기에 있다. 대상을 보는 내가 감정을 일으켜 아름답다고 하거나 추하다고 판단한다. 대상이 아름다운 것이 아니고 내 마음이 아름답게 본 것이다. 대상이 추한 것이 아니고 내 마음이 추하게 본 것이다. 자기의 이해에 따라서 아름다운 것도 추하게 볼 수 있다. 추한 것도 아름답게 볼 수 있다. 중요한 것은 대상이 아니고 대상을 보는 자신의 마음이다. 아름답다고 하는 것이나 추하다고 하는 것은 모두 관념이다. 실재하는 진실은 대상을 알아차리는 자신의 마음이다. 과연 무엇에 비해서 아름답고 무엇에 비해서 추한 것인가? 아름답고 추한 것은 단지 자신이 만든 기준에 불과하다.

옹달샘

1 2 3 4 5 6 7 **8** 9 10 11 12

원래 고귀한 사람은 없다.

훌륭한 행위를 해서 고귀한 사람이다.
원래 천박한 사람은 없다.
잘못된 행위를 해서 천박한 사람이다.
누구나 처음부터 타고 태어난 신분이 있는 것이 아니다.
자기가 한 행위에 따라 고귀한 사람이 되기도 하고 천박한 사람이 되기도 한다.

212

남의 능력에 의지하지 말고 자신의 인내에 의지해
라. 남의 판단에 의지하지 말고 자신의 지혜에 의지
해라.

213

보시를 할 때는 무슨 마음으로 보시를 하는지 알아
차리고 해야 한다. 바라는 마음으로 보시를 하면 눈
이 먼 보시를 한다. 만약 보시를 하는 마음을 알아
차려서 욕망으로 보시를 하려고 하면 일단 중지해
야 한다. 그런 뒤에 다시 무슨 마음으로 보시를 하
는가를 알아차리고 해야 한다. 보시를 할 때는 연민
의 정은 있되 바라는 마음 없이 해야 한다. 눈이 먼
보시도 공덕은 있다. 그러나 나중에 후환을 일으켜
자신을 괴롭히고 상대에게도 깊은 상처를 줄 수 있
다. 선한 일을 하는 마음에 선하지 못한 불순한 마
음이 개입되면 어리석은 행위를 하는 것이다. 바라
는 마음 없이 보시를 하면 보시를 할 때도 기쁘고
보시를 하고 나서도 기쁘다.

인간은 자신이 지은 업의 과보를 받는다. 그러나 과거에 지은 업의 과보를 모두 받는 것은 아니다. 업의 과보를 받을 수 있는 조건이 성숙되었을 때만 그 업에 해당하는 과보를 받는다. 과거에 불선업을 행했더라도 현재 선업을 행하면 불선과보가 나타날 조건이 성숙되지 않아 불선과보의 업이 적용되지 않는다. 과거에 선업을 행했더라도 현재 불선업을 행하면 선과보가 나타날 조건이 성숙되지 않아 선과보의 업이 적용되지 않는다. 만약 과거의 불선업으로부터 자유로울 수 없다면 어떤 사람도 고통에서 벗어나 행복을 얻을 수 없으며 궁극의 열반을 성취할 수 없을 것이다. 그래서 수행자에게는 항상 현재의 알아차림이 중요하다.

모든 것이 예전과 같기를 바라지마라. 나의 몸도 변하고 마음도 변한다. 남의 몸도 변하고 마음도 변한다. 세월을 두고 변하는 것이 아니고 매순간 변하고 끊임없이 변한다. 예전과 같기를 바라는 것은 이루어질 수 없는 것을 바라는 욕망으로 어리석은 행위다. 흘러가는 것을 아쉬워하지 말고 새로 나타난 현실을 받아들여야 한다. 예전 같기를 바라면 무상, 고, 무아의 진리를 알지 못한다. 변화를 거부하고 과거에 연연하면 무상의 지혜를 얻지 못해 괴로움을 겪는다. 고통을 거부하고 즐거움에 연연하면 괴로움의 지혜를 얻지 못해 괴로움을 겪는다. 무아를 거부하고 자아에 연연하면 무아의 지혜를 얻지 못해 괴로움을 겪는다.

원인과 결과로 생기는 것은 모두 순간적이다. 순간이 모여 정신과 물질을 이룬다. 이것이 무상(無常)이다. 원인과 결과로 생기는 것은 모두 불만족이다. 불만족이 모여 정신과 물질을 이룬다. 이것이 고(苦)다. 원인과 결과로 생기거나, 원인과 결과가 끊어진 것에는 모두 자아가 없다. 한순간의 마음이 모여 정신과 물질을 이룬다. 이것이 무아(無我)다. 인간에게는 두 가지 삶의 길이 있다. 원인과 결과가 상속되어 윤회하는 길이 있고, 원인과 결과가 소멸하여 윤회가 끊어진 길이 있다. 원인과 결과로 생기는 것은 범부들이 사는 세간의 윤회하는 삶이다. 원인과 결과가 끊어진 것은 성자들이 사는 출세간의 윤회가 끊어진 삶이다.

감각적 욕망의 노예로 살면 거친 물살에 떠밀려 표류하는 사람이다. 감각적 욕망을 떨쳐버리면 가야할 곳을 향해서 항해를 하는 성스러운 사람이다. 더 좋은 모양, 더 좋은 소리, 더 좋은 냄새, 더 좋은 맛, 더 좋은 접촉, 더 좋은 생각을 집착하면 감각적 욕망의 노예다. 있는 그대로의 모양, 있는 그대로의 소리, 있는 그대로의 냄새, 있는 그대로의 맛, 있는 그대로의 접촉, 있는 그대로의 생각을 알아차리면 감각적 욕망의 노예로부터 해방된 성자다. 감각적 욕망은 여섯 가지의 감각기관의 문을 통해서 들어온다. 이때 감각기관의 문을 지키는 알아차림이란 문지기가 없으면 노예로 전락하고, 알아차림이란 문지기가 있으면 자유인이다.

원래 고귀한 사람은 없다. 훌륭한 행위를 해서 고귀한 사람이다. 원래 천박한 사람은 없다. 잘못된 행위를 해서 천박한 사람이다. 누구나 처음부터 타고 태어난 신분이 있는 것이 아니다. 자기가 한 행위에 따라 고귀한 사람이 되기도 하고 천박한 사람이 되기도 한다.

남의 비난에 화를 내지 마라. 비난은 비난을 한 사람의 것이지 나의 것이 아니다. 만약 비난이 합당한 내용이면 오히려 감사하게 생각해야 한다. 남이 나에게 비난을 했다면 관심이 있어서 한 것이다. 관심이 없다면 비난조차 하지 않는다. 관심이 있다면 언젠가 상황에 따라 따뜻한 마음으로 바뀔 수도 있다. 남의 비난으로부터 자유로울 때 진정한 무아의 진리를 안다. 남의 비난으로부터 자유롭지 못하다면 아직 무아의 진리를 터득하지 못한 것이다. 사실은 비난 받을 내가 있는 것이 아니고, 비난하는 상대가 있는 것도 아니다. 비난 받는 나도 순간의 마음이며 비난하는 상대도 순간의 마음이라서 모두 자아가 있는 것이 아니다.

진실한 관계는 단순한 호기심의 차원으로 되지 않는다. 또 감각적 욕망을 가지고 만나서도 이루어지지 않는다. 진실한 관계는 상호의 건전한 이상이 공감할 때만 형성된다. 그리고 희생이 따라야 한다. 호기심으로 만나면 잘못된 만남이기 쉽다. 감각적 욕망으로 만나면 괴로운 결과가 온다. 지혜가 있는 선한 이상이 서로 공감할 때만이 진실한 관계가 이루어진다. 그러나 이런 사람을 만나기란 쉽지 않다. 그러므로 위빠사나 수행자는 아무하고나 만나지 않는다. 수행자의 목표는 오직 궁극의 법을 얻는 것에 맞추어져 있기 때문이다. 진실을 원하는 수행자는 밖에 있는 대상과 사귀지 않고 오직 자신의 내면에 있는 법과 만나며 산다.

221

안다고 해서 모든 것을 다 아는 것이 아니다. 자기 수준만큼의 지혜로 안다. 모른다고 해서 모든 것을 다 모르는 것이 아니다. 자기 수준만큼의 무지로 모른다. 이런 차이를 인정해야 안다고 교만하지 않으며, 모른다고 자학하지 않는다.

222

어리석으면 마음에 들 때 집착하고 마음에 들지 않으면 혐오한다. 지혜가 있으면 마음에 들 때 집착하지 않고 마음에 들지 않아도 혐오하지 않는다. 집착하고 혐오하면 스스로를 구속하여 죄수로 산다. 집착하지 않고 혐오하지 않으면 스스로를 해방하여 자유인으로 산다. 어리석으면 불행하지만 지혜가 있으면 행복하다.

괴로움은 저절로 해결되지 않는다. 괴로움은 원인이 있어서 생긴 결과로 알아야 한다. 괴로움은 한순간의 느낌이라서 영원한 것이 아니다. 괴로움은 감각기관이 느끼는 것이지 내가 느끼는 것이 아니다. 이런 지혜에 의해서만이 괴로움이 극복되고 마음이 청정해진다. 괴로움은 없애야할 대상이 아니고 알아차릴 대상이다. 괴로움은 특별한 것이 아니고 사소한 불만족이다. 괴로움은 대상으로 알아차릴 때만이 자연스럽게 해소될 수 있다. 괴로움을 극복하기 위해서는 믿음을 가지고 노력을 해야 한다. 노력을 하는 것이 수행이다. 몸과 마음을 대상으로 알아차리는 수행을 해서 지혜가 성숙되어야 고통의 바다를 건너 피안에 도달한다.

224

고통을 견디지 못하는 사람에게서는 고통이 보이지만, 고통을 견디는 사람에게서는 숭고함이 보인다.

225

남이 나를 어떻게 평가하는가에 관심을 기울이기보다, 자신의 내면에서 일어나는 마음에 더 관심을 기울여야 한다. 남의 칭찬을 받아 행복한 것보다, 자신의 내면을 통찰하는 것이 더 큰 행복이다. 남의 말에 귀를 닫아서도 안 되지만 그렇다고 남의 말에 귀를 열고 살아서도 안 된다. 자신의 주된 관심사가 내면에서 일어나는 마음일 때 진실을 본다.

법 앞에서 나를 내세우면 법 안에 있지 않고 법 밖에 있는 사람이다. 법 밖에 있으면 감각적 욕망과 악한 의도와 어리석음에 노출된 사람이다. 상대가 옳고 그르다고 주관적으로 판단해서 자기의 감정을 드러내면 법의 보호를 받지 못한다. 법의 보호를 받지 못해서 자유를 얻은 것처럼 느낄 수 있겠으나 실은 괴로움으로 가는 길을 선택한 것이다. 법 앞에서는 나는 없고 오직 법만 있어야 한다. 자신에게 허물이 있더라도 법 안에 있을 때는 용서될 수 있다. 법 밖에 있으면 용서받을 수 없다. 왜냐하면 불선과보는 용서받을 수 있는 성질의 것이 아니기 때문이다. 법 안에 있으면 내가 없어 행복하지만 법을 벗어나면 내가 있어 불행하다.

자신의 수행과 다른 사람의 수행을 비교하지마라. 수행은 자신의 근기에 따라 하는 것이 가장 적절하다. 수행을 비교하는 것은 서로의 삶을 동일시하는 것과 같다. 수행은 자신의 마음을 계발하는 행위라서 남과 비교해서는 안 된다. 모든 생명들은 저마다의 업의 과보를 받아서 태어나고, 또 살면서 한 행위에 따라 다음 업의 과보를 받는다. 각자가 고유한 과보의 상속을 받아서 살기 때문에 인간의 삶이 같을 수 없다. 같을 수 없는 삶을 동일시하면 생명이 가진 고유한 특성을 무시하는 것이다. 그러면 수행이 결코 발전할 수 없다. 모든 사람의 생김새가 다르듯이 업도 다르고, 과보도 다르고, 특성도 다르므로 수행의 효과도 다르다.

자신의 얼굴이 아름답다고 생각하면 교만해진다. 자신의 얼굴이 밉다고 생각하면 혐오한다. 있는 그대로의 얼굴을 가지고 교만해서도 안 되며 혐오해서도 안 된다. 어떤 얼굴이 되었건 있는 그대로의 아름다운 진실이 있다. 무엇에 비해서 아름다우며 무엇에 비해서 미운가? 아름답고 미움은 있지만 이는 모두 관념이다. 얼굴이 아름답다고 취하면 그 순간부터 미운 얼굴이 된다. 밉다고 혐오하면 더 추한 얼굴이 된다. 얼굴은 나의 것이 아니고, 내가 아니다. 다만 조건에 의해 만들어진 형상일 뿐이다. 얼굴의 아름다움보다 마음이 아름다워야 한다. 마음이 아름답지 못하면 아름다운 얼굴도 추하다. 마음이 아름다우면 미운 얼굴도 아름답다.

아는 것에도 일정한 과정이 있다. 꼭 알아야만 다음
으로 넘어가려고 하지마라. 처음부터 모든 것을 완
전하게 알 수는 없다. 아는 만큼만 알고 다음으로
넘어가다보면 어느 순간에 모르는 것을 홀연히 알
수 있다. 완벽을 추구하는 것은 좋으나 완벽에 빠져
서는 안 된다. 완벽을 집착하면 마음이 감옥에 갇힌
상태가 되어 진실을 보지 못한다.

안다는 것은 모두 느끼는 것이다. 느낌을 소유하려
고 하지 마라. 느낌은 항상 하지 않기 때문에 영원
히 가질 수 있는 것이 아니다. 느낌은 끝이 없는 욕
망의 시작이다. 느낌은 한순간에 일어났다가 사라
지는 번뇌다. 느낌을 아는 마음도 일어났다가 사라
지는 번뇌다. 집착해서는 안 되는 느낌을 집착하는
것으로 인해 괴롭다. 느낌을 원인으로 갈애가 일어
나면 윤회를 한다. 느낌이 소멸하면 갈애가 일어나
지 않아 윤회가 끝난다. 느낌과 갈애가 모두 소멸하
면 열반이다. 느낌과 갈애가 소멸하면 연기가 회전
하지 않아 다시 태어남이 없다. 궁극의 깨달음은 느
낌과 갈애사이에 있다. 원인이 있으면 결과가 있고,
원인이 없으면 결과가 없다.

불선심의 뿌리는 탐욕, 성냄, 어리석음이다. 무엇이나 자기 마음대로 하려고 하는 것이 탐욕이다. 자기 마음대로 되지 않아서 화를 낸다. 자기 마음대로 되기를 바라고 화를 내는 것이 어리석음이다. 어리석음이 자신에게 있는데 다른 이유를 삼는 것도 어리석음이다. 선심의 뿌리는 관용, 자애, 지혜다. 자기 마음대로 되지 않고 조건에 의해 되는 것을 알아서 있는 그대로 받아들이는 것이 관용이다. 관용이 있으면 베푸는 마음이 생기며 더불어 자애가 생긴다. 모든 것이 원인과 결과로 일어나고 사라지며 내가 없다는 것을 아는 것이 지혜다. 이런 지혜로 자신의 몸과 마음을 통찰하면 더 큰 지혜를 얻어 모든 번뇌에서 해방된다.

모르는 것도 일정한 과정이 있고, 아는 것도 일정한 과정이 있다. 모르는 것도 모르는 정도의 차이가 있기 때문에 하나의 불가피한 과정이다. 이러한 과정을 거쳐 안다고 했을 때도 처음부터 모두 아는 것이 아니다. 아는 것도 아는 정도의 차이가 있기 때문에 하나의 과정이다. 그러므로 새로 아는 것이 진리라고 해서 과거에 몰랐던 것을 후회하거나 비난해서는 안 된다. 과거에 몰랐던 것이 있었기 때문에 현재 새로운 가치를 판단할 수 있게 된 것이다. 이런 의미에서 과거에 몰랐던 것은 그것대로 가치가 있는 것이다. 알고 모르는 과정도 자신의 업과 관계가 있다. 인연이 늦거나 빠르게 닿은 것이므로 현재 알았다는 것이 중요하다.

하나의 훌륭한 보석이 처음부터 보석의 형태를 갖춘 것은 아니다. 돌덩어리에 박힌 보석을 연마해서 가치가 있는 보석으로 만든다. 보석을 가지고 있는 돌덩어리는 선근이 있는 사람이다. 보석이 없는 돌덩어리는 선근이 없는 사람이다. 보석이 있는 돌덩어리라고 해서 모두 보석이 되는 것이 아니다. 세공사가 연마를 해야 보석이 된다. 훌륭한 보석을 가진 돌덩어리라도 연마를 하지 않으면 평범한 돌덩어리다. 선근이 있는 수행자라고 해서 모두 궁극의 지혜를 얻는 것이 아니다. 좋은 스승을 만나서 부단한 노력을 해야 궁극의 지혜를 얻는다. 선근은 바라밀로 생기고, 연마는 자신의 노력이고, 연마하는 방법이 스승의 가르침이다.

세간에서는 내가 필요할 때만 진실이 있고, 내가 필요 없으면 진실이 없다. 또 내가 필요할 때만 스승이 있고, 내가 필요 없으면 스승이 없다. 세간의 정신은 이기적이다. 그래서 모든 일에 독소적인 요소가 있다. 출세간에서는 나와 상관없이 항상 진실이 있다. 또 나를 내세우지 않고 항상 스승의 가르침을 따른다. 출세간의 정신은 이타적이다. 그래서 모든 일에 균형이 있어 사물을 바르게 본다.

235

사랑에 용서가 없으면 진정한 사랑이 아니다. 사랑
에 절제가 없으면 이기심을 키운다. 바른 사랑은 균
형이 있을 때만 실현된다. 무조건 받으려고만 하는
사랑은 자신의 감각적 욕망으로 하는 사랑이다. 무
조건 주려고만 하는 사랑도 자신의 감각적 욕망이
숨어있는 사랑이다.

236

싫다고 떠나면 싫을 때마다 계속해서 떠나야 한다. 비
난을 받고 헤어지면 비난받을 때마다 계속해서 헤어
져야 한다. 싫어도 참으면 좋아지고, 비난도 참으면
칭찬이 된다. 싫다고 떠나면서 돌아올 퇴로를 끊지 마
라. 비난을 받고 헤어질 때도 절교하지 마라. 안 좋게
헤어지면 더욱 강력한 파장이 끌어당겨 언젠가 필연
적으로 좋지 않은 관계로 다시 만난다. 싫다거나 비난
을 받았다고 해서 극단으로 몰아가면 스스로를 감옥
에 가두는 것이다. 세상의 만남은 오랜 세월을 두고
돌고 돈다. 원수가 또다시 더 큰 원수로 만나는 것은
서로에게 괴로움이다. 누군가 지혜로운 자가 나서서
매듭을 풀어야 한다. 바로 내가 그 지혜를 선택하자.

237

농부는 논과 밭을 경작하여 곡식을 수확하고, 수행자는 몸과 마음을 경작하여 지혜를 수확한다.

238

지나간 과거는 돌이킬 수 없다. 과거에 연연하면 새로운 것을 맞이하지 못한다. 몸과 마음이 오직 현재에 머물면서 미래를 준비하는 것이 바른 삶이다. 지나간 과거를 후회하면 현재가 충실하지 못하다. 오지 않은 미래를 걱정하면 미래에 걱정하는 대로 된다. 현재를 알아차리면 괴로운 과거가 사라져 현재가 괴롭지 않고, 아직 오지 않은 미래의 두려움이 제거된다.

239

잘하는 것도 자신이 선택한 것이고 잘못하는 것도
자신이 선택한 것이다. 자신이 선택한 것의 책임은
자신에게 있다. 잘못한 것에 대한 책임이 자신에게
있듯이 잘한 일에 대한 보상은 자신이 받는다.

240

나를 알아주는 사람을 좋아하면 감각적 욕망에 빠
진다. 나를 싫어하는 사람을 미워하면 악한 의도에
빠진다. 나를 알아주거나 싫어하는 것은 단지 상대
의 일이라고 알면 지혜를 얻는다. 누구나 나를 알아
주는 사람을 좋아하지만 사실은 나를 싫어하는 사
람에게서 더 큰 진실을 배운다.

241

선한 일은 하고 싶지 않아도 해야 한다. 선하지 않은 일은 하고 싶어도 하지 말아야 한다. 행복은 그냥 오지 않고 바른 선택이 가져온다. 불행은 그냥 오지 않고 잘못된 선택이 가져온다.

242

자신의 내면으로부터 일어나는 번뇌를 해결했다고 해서 번뇌가 완전하게 소멸한 것이 아니다. 감각기관을 통해서 외부로부터 들어오는 번뇌까지 해결해야 번뇌가 완전하게 소멸한 것이다. 자신의 내면에서 일어나는 탐욕, 성냄, 어리석음을 알아차려서 관용, 자애, 지혜를 가져야 한다. 여섯 가지 감각기관이 감각대상에 부딪칠 때 들어오는 번뇌를 알아차려야 한다. 눈으로 대상을 볼 때 보는 것을 알아차리고, 귀로 소리를 들을 때 듣는 것을 알아차리고, 코로 냄새를 맡을 때 맡는 것을 알아차리고, 혀로 맛을 볼 때 맛을 알아차리고, 몸으로 부딪칠 때 부딪치는 것을 알아차리고, 마음으로 생각을 할 때 생각하는 것을 알아차려야 한다.

생각으로 안 것을 알았다고 확신해서는 안 된다. 생각은 상상이다. 지식으로 안 것을 알았다고 확신해서는 안 된다. 지식은 관념이다. 지혜로 안 것을 알았다고 확신해서는 안 된다. 지혜도 단계가 있다. 최고의 지혜를 얻을 때까지 알았다고 확신해서는 안 된다. 지혜는 마침표가 없다.

옹달샘

1 2 3 4 5 6 7 8 **9** 10 11 12

돌이킬 수 없는 일은 과거다.

아직 오지 않은 일은 미래다.
과거나 미래의 일은 실재가 아니고 생각이다.
수행은 실재가 아닌 일은 그대로 두고
오직 현재에 있는 대상을 알아차린다.
그것이 지금 여기에 있는 몸과 마음이다.
현재에 있는 실재를 알아차리는 것 외에는 생각일 뿐이므로
답을 구할 수 없다.

좋은 일을 하고 후회하면 좋은 일을 한 과보를 받지만 후회한 과보도 받는다. 그래서 좋은 결과가 생겨도 후회한 과보로 인해 괴로움을 겪는다. 좋지 않은 일을 하고 알아차리면 좋지 않은 일을 한 과보를 받지만 알아차린 과보도 받는다. 그래서 좋지 않은 결과가 생겨도 알아차린 과보로 인해 지혜가 나서 괴로움을 극복할 수 있다. 이미 행한 일은 좋거나 좋지 않거나 간에 후회하지 않고 있는 그대로 알아차리면 새로운 선한 과보가 생겨 불행으로부터 벗어날 수 있다. 알아차림이란 선한 행위가 있으면 알아차리는 순간에 즉시 선한 과보가 생긴다. 그래서 그 순간에 원인과 결과로 오는 고통스러운 정신적 속박으로부터 벗어난다.

사람으로 사는 이상 반드시 사람을 상대해야 한다. 이것이 즐거움의 원인이기도 하지만 괴로움의 원인이기도 하다. 사람의 숫자만큼 사람의 마음이 다르다. 그래서 사람과 사람사이에는 구조적으로 애증이 교차한다. 세상을 살려면 자기가 하는 일보다 사람을 상대하는 일이 더 힘들다. 사람을 직접 상대하지 않을 때는 자신의 생각 속에서 상대한다. 이와 같이 사람을 상대하지 않을 수 없다면 다른 사람을 상대하는 것보다 자신의 몸과 마음을 상대해야 한다. 그래야 다른 사람으로 인해서 생기는 고통을 차단할 수 있다. 상대의 마음이 정화되기를 기대할 수 없을 때는 자신의 몸과 마음을 대상으로 알아차려야 괴로움으로부터 벗어난다.

수행이란 노력과 알아차림과 집중을 하는 것이다. 세 가지가 적절하게 조화를 이루어야 수행을 할 수 있다. 노력을 해야 알아차릴 수 있고, 알아차림을 지속해야 집중이 된다. 수행이 잘 되지 않는다면 노력이 적절했는지, 알아차림이 적절했는지, 집중이 적절했는지를 살펴보아야 한다. 노력은 부족해도 안 되고 많아도 안 된다. 노력이 부족하면 알아차릴 수 없고 노력이 많아도 들떠서 알아차릴 수 없다. 알아차림은 많을수록 좋다. 집중은 부족해도 안 되고 많아도 안 된다. 집중이 부족하면 마음이 대상에 머물지 않아 알아차릴 수 없고 집중이 많으면 잠에 빠져 알아차릴 수 없다. 이상의 세 가지가 각각의 역할을 하는 것이 수행이다.

막연하게 생각하면 감각적 욕망과 악한의도가 생긴다. 분명하게 알아차리면 절제된 감정과 선한 의도가 생긴다. 막연한 생각은 잠재성향의 지배를 받는다. 하지만 분명하게 알아차리면 새로운 성향이 지배한다. 인간은 어리석음과 갈애를 원인으로 태어난 이상 선하지 못한 잠재성향의 지배를 받기 마련이다. 그래서 수행을 통해 새로운 잠재성향을 만들 때만 행복을 얻을 수 있다.

248

돌이킬 수 없는 일은 과거다. 아직 오지 않은 일은 미래다. 과거나 미래의 일은 실재가 아니고 생각이다. 수행은 실재가 아닌 일은 그대로 두고 오직 현재에 있는 대상을 알아차린다. 그것이 지금 여기에 있는 몸과 마음이다. 현재에 있는 실재를 알아차리는 것 외에는 생각일 뿐이므로 답을 구할 수 없다.

249

이상적인 화합을 이루려면 결과를 얻으려 해서는 안 된다. 결과를 얻으려고 시작하지 마라. 시작하는 것이 결과다. 시작한 이후의 문제는 시작의 조건에 따라 결정된다. 결론을 얻으려고 만나지 마라. 만나는 것이 결론이다. 만남 이후의 문제는 만남의 조건에 따라 결정된다. 특별한 목적을 가지고 화합하려면 서로의 다름을 인정하지 못한다. 단지 만남에 의미를 두어야 이상적인 화합을 이룰 수 있다. 첨예한 문제일수록 갈등이 크기 마련이라서 문제해결이 어렵다. 이런 때일수록 단지 만나는 것에 의미를 두어야 한다. 만날 때는 상대를 설득하여 자신의 목적을 성취하려고 하지마라. 자신이 양보하기 위해서 만나야 훌륭한 만남이다.

250

하나를 잘하면 열을 잘한다. 하나를 하는 방식이나 다른 것을 하는 방식이 똑 같다. 하지만 하나만 알면 열을 모른다. 자기 것만 알면 아무것도 아는 것이 없다. 하나를 잘하는 마음이나 하나밖에 모르는 마음은 서로 다르다. 하나를 잘해서 모든 것과 두루 회통해야 한다. 하지만 하나밖에 몰라서 모든 것과 담을 쌓아서는 안 된다.

251

사랑하는 사람에게 쓰이는 힘보다 미워하는 사람에게 쓰이는 힘의 소모가 더 크다. 사랑하는 사람에게 쓰이는 힘은 물이 마르지 않는 샘처럼 정신을 풍요하게 한다. 미워하는 사람에게 쓰이는 힘은 물이 마른 샘처럼 정신을 황폐화 시킨다. 같은 물을 먹고 소는 우유를 생산 하고 뱀은 독을 생산한다. 인간이 지혜를 가지고 산다는 것은 훌륭한 일을 해서 유익한 결과를 얻는 것이다.

붓다의 가르침이 아무리 훌륭해도 실천하지 않으면 자신의 것이 아니다. 생각으로만 아는 가르침은 지식에 불과하다. 자신의 지혜가 나야 비로소 훌륭한 가르침이다. 위대한 가르침이 한 때의 호기심에 그치지 않도록 하려면 반드시 스승의 지도를 받으면서 수행을 해야 한다. 누구도 경험하지 않은 정신세계를 혼자서 갈 수 없다. 혼자서 최고의 지혜를 찾아낸 수행자는 오직 붓다밖에 없다. 그 외에는 모두 스승의 가르침에 의해서만 깨달음을 얻는다. 붓다는 오랜 세월동안 쌓은 바라밀 공덕의 과보로 스스로 깨달음을 성취한다. 그래서 아무나 붓다가 될 수 없다. 오직 위없는 깨달음을 얻은 붓다의 가르침에 의해서 아라한이 된다.

모르면 괴롭고 알면 괴롭지 않다. 알아도 완전하게 알기까지는 괴로움이 있다. 알기 때문에 겪는 괴로움은 몰라서 겪는 괴로움과는 다르다. 완전한 진리의 괴로움을 알기까지는 오히려 알기 때문에 더 괴롭다. 그래서 괴로움을 적당히 알아서는 안 되고 완전하게 알 때까지 노력을 해야 한다. 지혜가 나면 삿된 견해로부터 벗어나 괴로움의 진리를 알아 자신의 번뇌에서 벗어난다. 그러나 자신의 번뇌가 해결되었다고 해서 모든 번뇌가 전부 해결된 것이 아니다. 아직도 번뇌를 가지고 자신의 견해를 굽히지 않는 상대를 만나면 괴로움이 유발된다. 자신의 번뇌뿐만 아니라 상대로부터 영향을 받는 번뇌까지 소멸되어야 완전한 지혜다.

남에게서 배운 것은 모두 이론이다. 이론은 관념이라서 완전하게 아는 것이 아니다. 자신이 몸소 실천해서 지혜를 얻어야만 실재를 안다. 처음에 이론을 배운 뒤에 사유하는 과정을 거쳐 직접 실천을 해야만 바른 법을 본다. 이처럼 지혜는 단계적인 과정을 거쳐서 성숙하는데, 들어서 아는 지혜와 사유해서 아는 지혜와 수행을 해서 아는 지혜의 과정이 있다. 수행을 해서 아는 지혜도 일곱 가지의 청정과 열여섯 가지의 지혜가 모여 수다원이 되고 다시 같은 지혜를 반복하는 과정을 거쳐 사다함이 된다. 아나함과 아라한의 지혜도 같은 단계의 과정을 거듭하면서 완전히 성숙된다. 모든 지혜는 작은 지혜로부터 출발하여 완전한 지혜에 이른다.

어리석으면 보라고 나타난 법을 보지 못한다. 지혜가 있으면 보라고 나타난 법을 본다. 어리석으면 법이 보이지 않아 불선을 끊을 수 없다. 지혜가 있으면 법이 보여 불선을 끊는다. 모르는 마음은 욕망을 붙잡고 아는 마음은 욕망을 끊는다. 지혜만이 인습적인 것에서 벗어나 해탈의 자유를 얻게 한다. 어리석음은 어리석음을 좋아해서 더 어리석은 길로 간다. 지혜는 지혜를 좋아해서 더 지혜로운 길로 간다. 괴로움도 자신이 선택하고 즐거움도 자신이 선택한다. 어떤 길을 갈 것인가는 오직 자신만이 선택할 수 있다. 자신을 이끄는 것은 절대적 존재나 훌륭한 스승이 아니다. 훌륭한 스승은 다만 바른 길을 열어 보일 뿐이다.

256

바르게 노력하되 움켜잡지 마라. 노력은 희망이고
집착은 괴로움이다.

257

역사는 발전하는 부분과 퇴보하는 부분을 함께 지
니고 있다. 물질문명이 발전하면 정신문명이 퇴보
할 수 있다. 어느 때나 물질이 주인이 아니고 사람
이 주인이 되어야 한다. 물질이 주인인 세상은 비이
성적이라서 사람이 살 수 없는 불행한 세상이다. 사
람이 주인인 세상은 이성적이라서 사람이 살 수 있
는 행복한 세상이다.

258

세상에는 무수한 의견이 있다. 많은 의견들을 하나로 모을 수는 없다. 서로의 다름을 인정하는 것이 하나가 되는 것이다. 상대의 의견을 존중해야 자신의 의견이 존중된다. 완전하게 의견이 모아진다고 해도 내부적으로는 다양한 입장이 있기 마련이다. 서로 다른 의견이 있다는 것은 서로 다른 향기가 있다는 것이다. 오히려 많은 사람들이 많은 향기를 가지고 있는 것이 세상의 아름다움이다. 이러한 향기가 조화를 이루는 것이 가장 장엄한 아름다움이다.

259

유명한 것에 현혹되지 마라. 유명하다고 해서 반드시 훌륭하지는 않다. 오히려 유명한 것은 유명한 만큼 천박할 수 있다. 이렇게 유명한 것은 대중들의 기호에 영합한 것이다. 그래서 유명한 사람에게 더 실망하는 경우가 많다. 대중들의 기호는 고귀한 정신적 품격과는 거리가 있다. 과연 진실이 무엇이며 무엇이 유명한가? 항상 자신의 기준이 헛된 명예와 감각적 욕망으로 포장된 것이 아닌가를 살펴봐야 한다.

행복과 불행은 함께 있다. 행복할 때 불행을 대비하고, 불행할 때 행복을 준비해야 한다. 행복할 때 행복에 취하면 불행의 어두운 그림자가 드리운다. 불행할 때 불행을 알아차리면 행복의 빛이 비친다. 행복할 때 행복을 알아차리면 감각적 욕망에 빠지지 않는다. 불행할 때 불행을 알아차리면 극단적 고뇌에 빠지지 않는다. 행복과 불행은 한순간의 느낌으로 자신의 마음이 만든다.

261

법을 강요하지마라. 법은 자신이 필요해서 선택해
야 한다. 법이 있기 때문에 그냥 말해야 한다. 법을
펴고 인정받으려 하지마라. 법은 원래 있는 것이지
내가 만든 것이 아니다. 법을 펴고 비난을 듣는다.
정법에는 항상 삿된 법이 따른다. 바른 법을 행하고
도 비난을 받는 것이 법이다.

262

한 번을 바르게 알아차리면 열 번을 바르게 알아차릴
수 있다. 한 번이나 열 번이나 숫자가 다를 뿐이지 알
아차리는 방법은 같다. 좌선을 할 때 일어나고 꺼지는
호흡을 한번이라도 바르게 알아차리면 열 번, 백 번도
알아차릴 수 있다. 그러나 한 번도 바르게 알아차리지
못하면 두 번이나 세 번도 알아차리지 못한다. 경행
을 할 때 오른발 왼발을 한번이라도 바르게 알아차리
면 열 번, 백 번을 알아차릴 수 있다. 그러나 한 번도
바르게 알아차리지 못하면 두 번이나 세 번도 알아차
리지 못한다. 호흡의 일어남과 꺼짐의 처음 한 동작을
알아차리는 것이나, 오른발 왼발의 처음 한 동작을 알
아차리는 것에 마음을 모아 전력을 다해야 한다.

263

사람이 가장 소중한 자원이다. 그 중에서도 바른 정신을 가진 사람이 가장 고귀한 자원이다. 희망이 있는 사람은 바른 정신을 가지고 있다. 그러므로 희망이 있는 나라는 바른 정신을 가진 국민이 있다.

264

범부는 범부들의 지혜를 모르며 수행자의 지혜는 더욱 모른다. 수행자는 수행자들의 지혜를 모르며 성자의 지혜는 더욱 모른다. 성자는 성자들의 지혜를 모르며 붓다의 지혜는 더욱 모른다. 누구나 남의 지혜를 모르므로 이 세상은 비난과 분열로 얼룩져있다. 남의 견해는 그냥 그의 견해로 두고 몰라서 그렇다고 아는 것이 바른 지혜다. 누구나 모르기는 마찬가지다. 그러므로 남의 견해가 자신의 견해와 다르다고 해서 틀렸다고 확정짓지 말아야 한다. 상대에게 그런 견해도 있는 것을 수용할 때 지혜가 더 발전한다.

265

내가 안다고 자만해서는 안 된다. 완전한 지혜가 나기
전에는 진리를 안다고 해도 자기수준으로 안다. 완전
한 진리는 아는 자가 없고 단지 아는 마음만 있다.

266

좋은 일이 있을 때 즐거워하지 않는 사람을 냉정하
다고 비난하지 마라. 그는 나쁜 일에도 괴로워하지
않는 지혜가 있는 사람이다.

267

막연하게 생각하면 작은 일도 크게 생각하여 불안
해진다. 불안하면 마음이 들떠서 계속 불안을 키운
다. 있는 그대로 알아차리면 모든 것이 사소한 일이
다. 있는 그대로 알아차리려면 대상을 선입관 없이
주시하고, 바라거나 없애려고 하지 않고 그냥 알아
차려야 한다. 이렇게 대상과 하나가 되지 않고 분리
해서 알아차리는 것이 위빠사나 수행이다.

사람은 각자의 생각이 있기 때문에 서로의 의견이 완전하게 일치되기 어렵다. 어떤 공동의 목적으로 인해 의견이 일치되었어도 잠정적인 것이지 완전한 것은 아니다. 그러므로 사람들은 언제든지 헤어질 수 있고 언제든지 다시 만날 수 있다. 이러한 만남과 헤어짐에서 좀 더 자유로우려면 자신의 의견만 주장하지 말고 상대의 의견도 존중해야 한다. 자신의 의견이 존중되기 위해서는 자신도 상대의 의견을 존중해야 한다. 그렇지 않고 자신의 의견만 내세운다면 만남과 헤어짐이 고통스럽다. 이것은 오직 자신이 일으킨 원인에 대한 결과다. 서로가 다른 생각들 속에서 사는 가장 이상적인 방법은 대상으로 알아차리는 법을 실천하는 것이다.

종교 간의 다름은 비방의 대상이 아니고 아름다움이다. 종교는 꽃의 향기와 같아서 저마다 특색이 있다. 그렇기 때문에 종교는 많을수록 좋다. 자신에게 유익한 종교를 선택할 수 있는 것은 행복을 선택할 수 있는 기회다. 종교는 생겨난 지역의 문화와 언어로 말하기 때문에 각 종교의 목표는 같아도 표현방법이 다르다. 종교가 서로 다른 것은 상호의 문화적 차이로 이해하고 서로를 존중해야 한다. 종교가 순기능을 할 때 아름답지만 역기능을 할 때는 더 추악하다. 성자들의 가르침은 뛰어나지만 이것을 실천하는 사람들이 바르지 못하면 잘못된 방향으로 갈 수 있다. 그래서 종교는 항상 이성적이고 합리적인 바탕위에서 거듭나야 한다.

270

자기 본분을 다해야 남에게 누가 되지 않는다. 자기 일은 하지 않고 남만 생각하면 오히려 남에게 피해를 준다. 자신을 사랑해야 남을 사랑한다. 자신을 사랑하지 않는 사람은 남을 사랑하지 못한다. 자신이 지혜를 얻어야 남에게도 지혜를 준다.

271

알아차림을 항상 현재에 두어라. 알아차림을 현재에 두면 과거와 미래가 생기지 않는다. 마음이 과거와 미래에 가있지 않고 오직 현재에 있으면 번뇌가 침투하지 못하고 법을 보는 자각이 일어난다. 알아차림을 현재에 두기 위해서는 자기 몸과 마음을 대상으로 삼아야 한다. 알아차릴 때는 대상과 알아차림과 아는 마음, 세 가지가 동시에 일어나서 일치되어야 한다. 만약 이것들이 동시에 일어나지 않고 간격이 생기면 그 사이에 번뇌가 침투하여 삿된 생각이 일어난다.

272

나와 남은 하나가 아니고 엄연히 다른 사람이다. 나와 남이 둘이 아니고 하나라고 하는 것은 내가 남을 사랑하면 나를 사랑하는 것이고, 내가 남을 비난하면 나를 비난하는 것이기 때문이다.

273

자기가 한 생각과 말과 행위는 자기 것이다. 걸을 때 발자국이 남고 그림자가 있듯이 자기가 한 행위는 자기 것이다. 자기 행복은 스스로가 만들고 불행도 스스로가 만든다. 자기 정신을 발전시키는 것도 자기며 퇴보시키는 것도 자기다. 자기는 자신에 의해 설계되고 자신에 의해 파괴된다.

옹달샘

1 2 3 4 5 6 7 8 9 **10** 11 12

수행자를 위해 보시를 하면

공덕이 매우 크다.
수행은 가장 선한 일을 하는 행위이기 때문이다.
수행자가 다른 사람의 보시로
지혜를 얻으면
보시자에게 공덕이 돌아가서
공덕을 갖는 것이다.

274

수행자에게 믿음은 종자고, 사랑은 싹을 틔우는 온
도다. 고난은 싹을 키우는 물이고, 지혜는 열매다.
지혜는 단계적 과정과 복합적인 요소의 결합으로
생긴다. 지혜를 얻으려면 필요한 때 필요한 조건들
이 성숙되어야 한다.

275

위빠사나 수행자는 부처님께 귀의하여 청정함을 얻
지 않는다. 부처님의 가르침대로 자신의 몸과 마음
을 알아차려서 청정함을 얻는다. 누구도 다른 사람
을 정화시킬 수 없으며 오염시킬 수 없다. 자신만이
스스로를 청정하게 할 수 있고 자신만이 스스로를
더럽힐 수 있다. 부처님은 바른 길을 안내하는 스승
이시고 길을 가는 사람은 오직 자신이다.

잘살기 때문에 그 종교가 위대하다고 말하거나 사람의 숫자가 많기 때문에 그 종교가 위대하다는 생각은 바르지 못하다. 종교(宗敎)는 으뜸이 되는 가르침이다. 으뜸 되는 가르침은 물질적인 것보다 정신적인 가르침을 더 중요하게 여긴다. 으뜸이 되는 가르침은 남을 비방하지 않고 칭찬한다. 으뜸이 되는 가르침은 남을 배척하지 않고 이해하고 받아들인다. 으뜸이 되는 가르침은 이교도와 전쟁을 하지 않고 서로 평화를 나눈다. 으뜸이 되는 가르침은 자신의 괴로움과 슬픔을 알아차려서 고요함을 얻고 남의 괴로움과 슬픔에 대해 연민의 마음을 보낸다. 으뜸이 되는 가르침은 자신의 즐거움은 알아차리고 남의 즐거움은 함께 기뻐한다.

슬픔이 있어서 기쁨을 안다. 슬픔이 기쁨이 되도록 하기 위해서는 슬픔을 받아들여야 한다. 실패의 괴로움이 있어서 성공의 즐거움을 안다. 실패의 괴로움이 성공의 즐거움이 되도록 하기 위해서는 실패를 받아들여야 한다. 잘못된 일을 받아들였을 때만이 잘된 일로 바꿀 수 있다. 잘못된 일은 단지 알아차릴 대상이다. 잘못된 일을 알아차려서 잘된 일로 바뀌었다고 해서 끝난 것이 아니다. 잘된 일도 알아차려야 한다. 그래야 잘된 일이 다시 잘못된 일로 바뀌지 않는다. 모든 일은 순간에 일어나서 순간에 사라지는 연속적 과정만 있다. 일어났다가 사라진 뒤에 새로운 일어남을 좋은 것으로 만들기 위해서는 항상 대상으로 알아차려야 한다.

벌이 꽃에서 꿀을 얻을 때 꽃을 망가뜨리지 않고 열매를 맺도록 돕는다. 매사에 자기 이익만 취하지 말고 상대에게도 이익이 되도록 해야 한다. 자기 성공을 위해서 남을 시기하거나 모함하지 않아야 한다. 더불어 이익이 되는 일이 진정한 이익이다. 더불어 성공하는 일이 진정한 성공이다. 출세간의 법은 함께 잘사는 방법을 위해 노력한다.

공덕을 쌓는 일에 부자와 가난한 자가 따로 없다. 부자는 부자라서 더 공덕을 쌓아야 하며 가난한 자는 가난해서 더 공덕을 쌓아야 한다. 보시를 받을 때도 부자와 가난한 자를 따져서는 안 된다. 보시는 관용을 키우기 때문에 누구에게나 필요한 덕목이다. 부자의 보시는 받지 않고 가난한 자의 보시만 받는다거나, 가난한 자의 보시는 받지 않고 부자의 보시만 받는다면 보시의 정신에 어긋난다. 재산을 가진 자의 보시로 갖지 못한 자에게 혜택이 돌아가도록 해야 한다. 재산을 갖지 못한 자의 보시로 가난한 자에게 바른 삶을 일깨우게 해야 한다. 보시를 행하는 아름다운 마음에는 재산을 가진 자와 갖지 못한 자의 구별이 없다.

어린아이가 성장하면 장난감을 버리듯이 의식이 성장하면 자신이 소유하던 것으로부터 자유로워져야 한다. 세월이 흘러 의식이 바뀌었는데도 과거의 것에 연연하면 아직도 어린아이와 같이 불필요한 것을 집착하는 것이다. 이런 마음가짐은 의식의 성장을 방해한다. 성인이 된 어린아이는 지혜를 가질 수 없다. 자신이 가지고 있는 물건, 자신의 몸과 마음, 자신이 만나는 사람, 자신이 머무는 사회를 집착하지 않아야 새로운 정신세계에 대해 눈을 뜬다. 내가 지닌 것을 내 것이라고 집착하여 옥석을 가리지 못하면 새로운 것을 받아들이지 못한다. 고이 지닐 것은 소중하게 지녀야 하고, 이것들이 지혜를 얻는 데 발목을 잡지 않도록 해야 한다

위빠사나 수행은 알아차림과 분명한 앎이라는 두 개의 바퀴를 굴려야 한다. 탐욕이 일어났을 때 탐욕이 일어난 것을 알아차린다. 성냄이 일어났을 때 성냄이 일어난 것을 알아차린다. 어리석음이 일어났을 때 어리석음이 일어난 것을 알아차린다. 알아차리는 힘이 없으면 탐욕이 일어났을 때 이것은 선한 마음이 아니므로 관용을 가져야 한다고 분명한 앎을 한다. 성냄이 일어났을 때 이것은 선한 마음이 아니므로 자애를 가져야 한다고 분명한 앎을 한다. 어리석음이 일어났을 때 이것은 선한 마음이 아니므로 지혜를 가져야 한다고 분명한 앎을 한다. 수행은 알아차림으로 대상을 겨냥하고 분명한 앎으로 대상을 이해하면서 해야 한다.

경전을 읽고 자기 견해대로 해석해서는 안 된다. 경전의 말씀은 심오하여 자신의 지혜만으로는 완벽하게 알 수 없다. 그러므로 자기가 아는 것보다 더 깊은 뜻이 있다는 전제가 있어야 오류에 빠지지 않는다. 훌륭한 스승은 경전의 뜻을 자의적으로 해석하지 않아서 훌륭하다. 왜냐하면 경전에 대한 해석을 잘못하면 남을 잘못된 길로 인도하기 때문이다. 지혜는 논리의 영역 밖에 있으므로 정확하게 알 수 없는 진리를 가지고 논쟁을 일삼지 말아야 한다. 진리는 오묘하여 훌륭한 스승의 가르침과 수행을 통해서 생긴 단계적 지혜로만 알 수 있다. 만약 자신이 아는 것이 진리라고 마침표를 찍으면 그 순간부터 진리의 독선에 빠진다.

매사를 긍정적으로 살아야 하지만 모든 것을 다 긍정적으로 받아들여서는 안 된다. 바른 것에 대해서는 긍정적인 생각을 가지고 실천해야 하지만 바르지 못한 것에 대해서는 단호하게 부정해야 한다. 바른 긍정은 잘못된 것에 대한 부정을 통해서 이루어진다. 바른 긍정을 위해서는 바르지 못한 것에 대한 절제가 따라야 한다. 절제는 계율을 지키는 것으로 스스로를 보호한다. 긍정적이라고 해서 부정적인 일까지 받아들이면 바른 긍정이라고 할 수 없다. 긍정적인 성향으로 매사에 좋기만 하고 자기 관리를 못하면 긍정적인 사람이 아니다. 나타난 것을 모두 대상으로 알아차리면 긍정할 것과 부정할 것을 알아 잘못된 일에 휩쓸리지 않는다.

위빠사나 수행자가 대상을 알아차려서 집중력이 생기면 대상과 아는 마음만 있다. 대상과 아는 마음만 있는 상태를 청정하다고 한다. 대상과 아는 마음만 있기 때문에 번뇌가 들어올 틈이 없다. 이와 같은 알아차림을 지속하면 집중력이 생겨 고요해진다. 대상과 아는 마음만 있을 때는 내가 없다. 마음이 오직 대상에 집중하기 때문에 자아가 드러날 틈이 생기지 않는다. 이런 과정이 거듭되면 차츰 유신견이 제거된다. 조금만 알아차림이 부족해도 내 호흡이라거나 내 생각이라고 여겨 괴롭다. 알아차림이 없는 평상시는 모든 것이 내가 있다는 생각 속에서 이루어지기 때문에 번뇌가 많다. 알아차림이 있으면 내가 없어 번뇌가 생기지 않는다.

위빠사나 수행자는 바른 길을 가고 있는 사람이다. 수행을 한다고 처음부터 완전한 성자가 되지 않는다. 수행자는 세속적인 삶을 살면서 출세간을 지향하기 때문에 완성을 향해서 가는 과정에 있다. 수행을 하는 사람이 그럴 수 있냐고 말하는 것은 수행에 대한 이해가 부족해서 하는 말이다. 아라한이 되기 전까지는 누구나 느낌에서 갈애로 넘어가 연기를 회전시켜 윤회를 한다. 범부는 욕심을 부리고 화를 내는 것을 그치지 않고 계속한다. 그래서 느낌에서 갈애로 넘어간 뒤에 다시 맨느낌으로 돌아오지 않는다. 수행자는 욕심을 부리고 화를 냈다가도 알아차려서 그친다. 그래서 느낌에서 갈애로 넘어갔다가 다시 맨느낌으로 돌아온다.

일어나고 꺼지는 호흡을 알아차릴 때는 단지 호흡과 알아차리는 마음만 있다. 이때는 자아가 없어 어떤 번뇌도 일어나지 않는다. 오른발 왼발을 알아차릴 때는 단지 발의 느낌과 알아차리는 마음만 있다. 이때는 자아가 없어 어떤 번뇌도 일어나지 않는다. 모든 어리석음과 괴로움의 원인은 자아가 있다는 것으로부터 시작된다. 알아차리는 순간에 자아가 제거되는 것이 수행의 이익이다. 내가 있으면 어리석음의 지배를 받고, 내가 없으면 어리석음의 지배를 받지 않는다. 내가 있다고 아는 것은 지혜가 없는 상태고, 내가 없다고 아는 것이 지혜가 있는 상태다. 어리석으면 윤회를 하여 불행하고, 지혜가 있으면 윤회하지 않아 행복하다.

마음가짐이 바르면 시작도 좋고, 과정도 좋고, 결과도 좋다. 좋은 결과는 시작과 중간이 생략되지 않고 그대로 연속된다. 또 좋은 결과에 그치지 않고 결과 이후의 새로운 시작도 좋아서 좋은 일이 연속된다. 마음가짐이 바르지 못하면 시작도 나쁘고, 과정도 나쁘고, 결과도 나쁘다. 나쁜 결과는 시작과 중간이 생략되지 않고 그대로 연속된다. 또 나쁜 결과에 그치지 않고 결과 이후의 새로운 시작도 나빠서 좋지 않은 일이 연속된다. 모든 일은 자신의 마음가짐이 이끌어서 결과가 생긴다. 선한 마음이면 시작과 중간과 결과가 좋고 새로운 시작이 좋다. 선하지 못한 마음이면 시작과 중간과 결과가 나쁘고 새로운 시작이 좋지 않다.

이것이 붓다의 가르침이니까 반드시 이렇게 해야 된다고 강요해서는 안 된다. 어떤 가르침을 말하거나 이런 방법도 있고 저런 방법도 있다고 말해서 상대가 선택할 수 있는 기회를 주어야 한다. 퇴로를 차단하고 일방적인 선택을 강요하면 오히려 가르침을 왜곡하여 탈선을 부추길 수 있다. 아무리 좋은 가르침이라고 해도 일방적으로 강요하면 맹목적 신앙에 빠져 우매해진다. 좋은 것도 스스로의 의지로 선택할 때만 진실의 가치를 안다. 붓다의 입장과 자신의 입장은 분명하게 다르다. 아직 선업의 과보가 부족한 자신에게 붓다와 같은 최고의 지혜란 부담이 될 수도 있다. 그러므로 아무리 위대한 법이라도 점진적인 접근이 필요하다.

탐욕은 탐욕으로 그치지 않는다. 탐욕이 있을 때는 잘못된 견해와 자만이 함께 있다. 욕망에 눈이 멀면 사물을 바르게 통찰할 수 없어 사견과 자만이 함께 결합해서 나타난다. 잘못된 견해는 세 가지인데 내가 있다고 하는 견해와, 세상이 영원하다고 하는 견해와, 한 번 태어나면 끝이라고 하는 견해다. 잘못된 견해를 가지고 있으면 진실을 알 수 없으며 오히려 진실을 거부하여 괴로움에서 벗어나지 못한다. 자만은 자신이 남보다 우월하다는 견해와 자신이 남과 동등하다는 견해와 자신이 남에 비해서 열등하다는 견해다. 자신을 남과 비교해서 우월하다거나 동등하다거나 열등하게 느끼면 자신의 삶을 사는 것이 아니고 남의 삶을 산다.

이 세상에는 두 개의 세계가 있다. 하나는 관념의 세계고, 다른 하나는 실재의 세계다. 관념은 존재의 세계고, 실재는 인식의 세계다. 관념의 세계는 고요함이 최상의 가치고, 실재의 세계는 지혜가 최상의 가치다. 관념의 세계는 자아가 있고, 실재의 세계는 무아가 있다. 누구나 관념을 가지고 세상을 살지만 무상, 고, 무아의 진리를 알려면 실재를 알아야 한다. 관념은 업을 일으켜 윤회하지만 실재는 업을 일으키지 않아 윤회가 멈춘다. 관념은 사람을 나고 죽게 하지만 실재를 알면 집착이 끊어져 다시 태어나지 않아 죽음이 없다. 관념은 욕망, 성냄, 어리석음이 있어서 불행하고, 실재는 관용, 자애, 지혜가 있어서 행복하다.

291

물질이 부족해서 가난하지 않다. 마음이 빈곤해서 가난하다.

292

인간은 자신의 의지대로 산다. 누구나 의도가 있어서 행위를 하고 그 행위에 따른 과보를 받는다. 여기에 어떤 초월적 존재의 힘이 개입될 여지가 없다. 인간이 절대자의 힘으로 태어났다면 인간이 저지른 잘못의 일부는 절대자에게도 책임이 있다. 그렇다면 그 절대자는 책임이 너무 무거워 도저히 생존할 수 없을 것이다. 만약 절대자가 책임을 지지 않는다면 모든 것을 관장하는 절대자라고 볼 수 없다. 그러므로 초월적 존재는 있다고 믿는 사람에게는 있고, 없다고 믿는 사람에게는 없다. 위빠사나 수행자는 증명할 수 없는 일로 시간을 보내지 않는다. 오직 지금 여기에 있는 몸과 마음을 가지고 생긴 번뇌를 해결하기 위해 노력한다.

여섯 가지 감각기관이 여섯 가지 감각대상과 마주칠 때 느낌이 일어난다. 느낌이 일어날 때는 단지 느낌으로 알아차려야 한다. 느낌으로 알아차리지 못하면 좋거나 싫거나 덤덤한 느낌이 일어난다. 단지 느낌으로 알아차리면 좋거나 싫거나 덤덤하지 않은 맨느낌으로 바뀐다. 맨느낌의 상태가 되면 느낌에서 갈애로 넘어가지 않아 연기가 회전하지 않는다. 이때 순간의 윤회가 멈춘다. 계속해서 맨느낌을 알아차리면 이 느낌이 일어나고 사라지는 것을 안다. 이때 무상의 지혜가 난다. 계속해서 느낌을 알아차리면 연이어 괴로움의 지혜와 무아의 지혜가 난다. 이러한 지혜로 인해 집착이 끊어진 자리에 열반이란 최상의 결과가 나타난다.

수행을 할 때 지혜를 얻기 위해서는 자신의 조건과 외부의 조건이 함께 성숙되어야 한다. 자신이 수행을 할 수 있는 조건이 충족되지 않으면 바른 법과 훌륭한 스승을 만나고 좋은 수행처에 머문다고 해도 지혜를 얻지 못한다. 그러므로 법이나 스승이나 수행처를 탓해서는 안 된다. 또 자신이 수행을 할 수 있는 조건이 충분하게 성숙되었다고 해도 바른 법과 훌륭한 스승과 좋은 수행처인 외부의 조건이 성숙되지 않으면 역시 지혜를 얻지 못한다. 만약 두 가지의 조건이 함께 성숙되어서 지혜를 얻었다고 해도 이것이 반드시 최고의 지혜라고 판단해서는 안 된다. 아직 시작에 불과한 지혜를 자기수준에서 최고라고 여길 수 있다.

295

수행자를 위해 보시를 하면 공덕이 매우 크다. 수행은 가장 선한 일을 하는 행위이기 때문이다. 수행자가 다른 사람의 보시로 지혜를 얻으면 보시자에게 공덕이 돌아가서 공덕을 갚는 것이다.

296

사소한 잘못이라도 과보를 받아 불행해질 수 있다. 잘못하고 알아차리지 못하면 잘못을 거듭하기 마련이라서 불행의 씨앗이 자꾸 커진다. 그러나 잘못을 했다고 해서 반드시 그에 따른 과보를 받는 것은 아니다. 잘못을 알아차려서 진심으로 참회하면 과보가 따르지 않는다. 잘못에 대한 과보도 현재의 마음가짐에 따라 올 수도 있고 오지 않을 수도 있다. 잘못의 크기에 따라 불가피한 과보가 와도 현재의 마음가짐이 선하고 지혜가 있으면 크게 문제될 것이 없다. 자신에게 불행이 온다 해도 단지 알아차릴 대상이다. 인간은 업의 지배자도 아니고 그렇다고 업에 굴종하는 하인도 아니다. 업의 과보를 알아차리는 마음이 있기 때문이다.

297

때로는 과거에 있었던 즐거움과 미래의 즐거움을 생각하는 것도 필요하다. 하지만 수행자는 현재 자신이 하는 일에서 즐거움을 찾는 것이 더 유익하다.

298

부처님께서는 자신이 죽은 뒤에 어디로 가는 것도 아니고 그렇다고 정신과 물질이 해체된 것도 아니라고 말씀하셨다. 부처님께서 열반하신 뒤에 다시 태어나지 않는 것은 단지 원인이 없어서 결과가 없는 것이다. 부처님과 아라한의 마음은 원인과 결과가 없는 마음이다. 모든 번뇌가 불타버리면 새로운 갈애가 일어나지 않아 미래에 다시 태어날 요소가 소멸한다. 이처럼 모든 것이 원인과 결과라는 기본적인 지혜가 성숙되지 않으면 의심에서 해방될 수 없으며 위빠사나 수행의 지혜가 계발될 수 없다. 부처님은 현재 어느 곳에 계시지 않고 살아계실 때 말씀하신 가르침만 있다. 그런 부처님께 아무리 복을 빌어 봐야 주실 수 없다.

법이 어렵다고 포기하지 마라. 어려워서 괴로움이 일어난 것이 알아차릴 법이다. 법은 지금까지 경험하지 않은 새로운 지혜다. 그러므로 적절한 조건이 성숙될 때까지 계속해서 알아차려야 한다. 아무리 어려워도 법을 놓지 않으면 언젠가 지혜가 나서 알게 된다. 어렵다고 포기하면 행복할 수 있는 기회를 영원히 놓치고 만다. 법이 어려운 것은 전에 해보지 않은 생소한 것이라서 그렇다. 새로운 법에 익숙하면 차츰 낯설지 않다. 이러한 법의 이익을 알게 되면 나중에는 법 없이는 살 수 없다. 왜냐하면 법 안에 있을 때만 후회와 두려움 없이 편안하기 때문이다.

수행자는 불필요한 일을 만들지 말아야 한다. 수행을 하기 위해서는 일정한 체력이 필요하다. 일이 많으면 몸이 피곤해서 수행을 하려는 의도가 일어나지 않는다. 또 수행을 해도 집중이 되지 않거나 잠에 빠진다. 수행은 대상을 알아차리는 것이라서 마음이 일을 한다. 그러나 몸이 있어서 알아차리는 마음도 있다. 그러므로 몸이 가지고 있는 조건을 무시해서는 안 된다. 위빠사나 수행은 정신과 물질을 분리해서 알아차려야 한다. 마음이 몸에 영향을 주고, 몸이 마음에 영향을 주는 것을 알아차려야 한다. 또 마음이 마음에 영향을 주고, 몸이 몸에 영향을 주는 것을 알아차려야 한다. 그러므로 수행자는 심신을 피곤하게 해서는 안 된다.

자기 것이 소중하면 남의 것도 소중하게 여겨라. 자기 생명이 소중하면 다른 생명을 죽이지 마라. 자기 것을 잃고 싶지 않으면 남의 것을 빼앗지 마라. 자신이 인정받고 싶으면 남을 인정하라. 자신이 비난받고 싶지 않으면 남을 비난하지 마라. 자신이 성공하고 싶으면 남의 성공을 기뻐하라. 자신에게 적용하는 기준은 엄격하게 하고, 남에게 적용하는 기준은 원만하게 하라.

모든 법은 무상, 고, 무아로 귀의한다. 이와 같이 실재하는 법은 자신의 정신과 물질에서만 찾을 수 있다. 정신과 물질은 생명의 도구이면서 해탈의 수단이다. 법은 정신과 물질에 있으므로 자신과 동떨어진 관계가 아니다. 누구나 알 수 있는 것이라서 분명하게 증명할 수 있다. 법은 오직 자신을 의지해서 드러나기 때문에 자신에 의해서만 깨달음을 얻을 수 있다. 수행자는 자신의 정신과 물질을 대상으로 삼고, 또 정신과 물질을 알아차리는 사념처의 가르침을 대상으로 삼아야 한다. 특별한 능력을 가진 초월적 존재를 찾아서는 결코 진리의 법을 발견할 수 없다. 외부에서 대상을 구하지 말고 오직 자신의 정신과 물질에서 구해야 한다.

마음은 선할 수도 있고 선하지 못할 수도 있는 가능성을 모두 가지고 있다. 대상을 알아차리지 못하면 어리석음으로 인해 선하지 못한 마음을 갖는다. 대상을 알아차리면 집중과 지혜가 생겨 선한 마음을 갖는다. 수행은 대상을 알아차려서 선할 수 있는 가능성을 실제 선하도록 한다. 수행은 없는 것을 찾아내서 발전시키지 않는다. 자신의 내면에 있는 선한 마음의 종자를 키워서 드러나도록 만든다. 수행은 특별한 능력을 필요로 하지 않는다. 단지 대상을 있는 그대로 알아차리면 된다. 알아차림을 지속하면 거미줄에 걸리지 않는 바람과 같은 지혜를 얻는다. 수행자는 오직 스승의 가르침을 실천하는 확신에 찬 믿음과 노력만 있으면 된다.

대상과 마주칠 때 아는 마음과 함께 좋아하거나, 싫어하거나, 덤덤한 느낌이 일어난다. 좋아하는 느낌이 일어나면 대상을 감각적 욕망으로 본다. 싫어하는 느낌이 일어나면 화를 내면서 본다. 무관심한 느낌이 일어나면 어리석음으로 본다. 세 가지가 모두 알아차리지 못하고 보는 것이다. 알아차리고 보면 단지 대상으로 볼 뿐이므로 감각적 욕망으로 보지 않고, 화를 내면서 보지 않고, 어리석음으로 보지 않는다. 어떤 대상과 마주치거나 알아차리고 보면 균형 있게 보는 것이라서 허물을 짓지 않는다. 알아차리지 못하면 자기감정으로 보기 때문에 허물을 짓는다. 사는 것이 괴로운 것은 알아차리지 못해서 매순간 허물을 짓기 때문이다.

옹달샘

1 2 3 4 5 6 7 8 9 10 **11** 12

상대에게는 상대의 예절이 있고

나에게는 나의 예절이 있다.
상대의 예절에 상관없이 나의 예절을 지켜야 한다.
내가 지켜야할 예절은 무엇이나 이해하고 받아들이는 것이다.

현재의 마음이 선하다고 해서 지금 이후의 마음이 선하다고 할 수 없다. 현재의 마음이 선하지 못하다고 해서 지금 이후의 마음이 선하지 못하다고 할 수 없다. 대상을 알아차리는 마음이 있으면 현재의 마음도 선하고 지금 이후의 마음도 선하다. 대상을 알아차리는 마음이 없으면 현재의 마음도 선하지 못하고 지금 이후의 마음도 선하지 못하다. 대상을 알아차리면 깨끗한 마음의 작용 19가지가 함께 일어난다. 믿음, 알아차림, 양심, 수치심, 탐욕 없음, 성냄 없음, 중립, 감관과 마음의 평온, 감관과 마음의 경쾌함, 감관과 마음의 부드러움, 감관과 마음의 적당함, 감관과 마음의 능숙함, 감관과 마음의 바름이 있어 법의 치유를 받는다.

306

누구나 나의 세계가 있다. 하지만 나의 세계에서 자아가 녹아 없어져야 새로운 세계가 열린다. 자아가 있는 한 새로운 세계는 영원히 열리지 않는다.

307

나타난 대상은 모두 법이고, 나타난 법은 알아차릴 대상이다. 진실이나 거짓도, 지혜나 어리석음도 모두 알아차릴 대상이다. 아무리 훌륭한 법이 있어도 알아차리지 못하면 법이 아니다. 법은 와서 보라고 항상 자기 실재를 드러내고 있다. 어리석으면 드러내고 있는 법을 있는 그대로 보지 못하고 다른 것을 바라거나 없애려고 하거나 관심을 보이지 않는다. 법을 알아차려서 지혜를 얻지 못하면 자기 생각에 그친다. 자기 생각은 고정관념의 두꺼운 껍질로 포장되어 있어서 진실과 소통하지 못한다. 그래서 괴로움에서 벗어나지 못한다. 관념의 껍질에서 벗어나 실재를 알기 위해서는 단 한순간이라도 자신의 몸과 마음을 알아차려야 한다.

남이 하는 말을 무조건 받아들이지도 말고, 그렇다고 무조건 배척하지도 마라. 무조건 받아들이면 어리석음에 빠져 눈이 먼다. 무조건 배척하면 의심을 키워 발전하지 못한다. 남의 말에 선한 의도가 있는지 계율에 어긋나지 않는지 충분히 살펴본 뒤에 판단해야 한다. 말에는 선한 의도도 있지만 불순한 의도도 있다. 선한 의도는 받아들이고 불순한 의도는 배척해야 한다. 선한 의도를 받아들이면 불순한 의도가 배척되어 두 가지 이익이 있다. 불순한 의도를 배척하면 선한 의도를 존중하여 두 가지 이익이 있다. 선한 말은 달콤하지 않을 수 있으며 오히려 선하지 못한 말이 달콤할 수 있다. 남의 말을 자신의 성향으로 들어서는 안 된다.

309

성공은 멀리 있지 않고 현재의 마음가짐에 있다. 지금 이 순간에 신념을 가지고 해야 할 일을 하는 것이 성공이다. 이러한 성공에 의해 자연스럽게 좋은 결과가 온다. 그러므로 좋은 원인을 만드는 것이 성공이다. 반드시 만족할 만한 결과를 얻어야 성공이라고 할 수 없다. 누구나 아무리 가져도 만족할 수 없기 때문이다.

310

생각이 다른 사람이 모인 사회에서는 언제나 다툼과 분열이 있다. 이는 자신의 생각과 상대의 생각이 같기를 바라기 때문이다. 자신의 생각과 상대의 생각이 같기를 바라지 않으면 다툼과 분열이 없다. 서로의 다름을 존중하면 상대의 다름이 아름답게 보인다. 서로의 다름을 존중하지 않으면 상대의 다름이 밉게 보인다. 아름다움과 미움은 상대에 있지 않고 상대를 평가하는 자신의 마음에 있다.

311

상대에게는 상대의 예절이 있고 나에게는 나의 예절이 있다. 상대의 예절에 상관없이 나의 예절을 지켜야 한다. 내가 지켜야할 예절은 무엇이나 이해하고 받아들이는 것이다.

312

위빠사나 수행자가 대상을 알아차리는 것은 어떤 능력을 얻기 위한 것이 아니다. 위빠사나 수행은 지혜를 얻는 수행이지만 그렇다고 지혜를 얻으려고 해서는 안 된다. 그냥 단순하게 알아차려야 그 결과로 지혜가 성숙된다. 그러므로 무엇도 바라서는 안 된다. 대상을 알아차리는 순간에는 오직 대상과 아는 마음만 있다. 그래서 탐욕, 성냄, 어리석음의 번뇌가 들어오지 않는다. 이렇게 알아차릴 때 '나'라고 하는 자아가 없다. 이것이 알아차리는 이익이다. 그래야 몸과 마음이 지니고 있는 무거운 짐을 내려놓을 수 있다. 이렇게 될 때 비로소 고요함을 얻을 수 있다. 고요함은 행복을 얻는 중요한 요소며 이 고요함이 지혜를 가져온다.

313

실패를 통해서 지혜를 얻는다. 실패를 후회하지 마라. 실패하면 새로운 세계를 본다.

314

나타난 것은 어떤 것이나 모두 알아차릴 대상이다. 알아차리면 그른 쪽으로 가지 않고 바른 쪽으로 간다. 괴로울 때 괴로워하지 말고 괴로움을 하나의 대상으로 알아차리면 괴로움이 순간적으로 사라진다. 왜냐하면 괴로움을 알아차리는 선한 마음이 새로 일어났기 때문이다. 괴로움을 알아차리는 마음을 지속시켜야 한다. 그렇지 않으면 사라진 괴로움이 다시 나타난다. 알아차림을 분명하게 하고 지속시키기 위해서는 먼저 괴로운 마음을 알아차린 뒤에 가슴의 두근거리는 느낌이나 호흡을 지켜보아야 한다. 이때 가슴의 두근거리는 느낌을 하나의 대상으로 알아차려야 한다. 어떤 대상이 나타나도 괴롭다고 피하거나 없애려고 해서는 안 된다.

315

계율은 번뇌를 막아서 나와 남을 보호한다. 계율이 청정하면 번뇌에 물들지 않고, 계율이 없으면 번뇌에 꺾인다. 대상을 알아차리면 계율을 지키고, 계율이 있으면 고요함을 얻고, 고요함에 의해 통찰지혜를 얻는다. 지혜가 자신을 보호해야 깨끗한 행복을 얻는다.

316

누구나 자기 생각을 하기 마련이라서 사람들의 생각이 모두 같을 수 없다. 생각이 다른 사람끼리 만나서 얼마나 생각의 다름을 존중하느냐에 따라 즐거움과 괴로움이 있다. 생각이 다르더라도 조화를 이루면 즐거움이 있지만 조화를 이루지 못하면 괴롭다. 생각이 같아서 모이지만 서로가 이질적인 요소만 발견하고 분란을 겪을 수 있다. 그러나 생각이 같은 사람끼리 모여서 이질적인 요소를 발견하지만 조화를 이루면 더 아름다운 삶을 살 수 있다. 생각이 다른 사람끼리 모여서 이질적인 요소만 확인하고 분란을 겪을 수 있다. 그러나 생각이 다른 사람끼리 모여서 이질적인 요소를 발견하지만 조화를 이루면 더 아름다운 삶을 살 수 있다.

317

나와 남을 모양으로 보면 가치가 작거나 크게 보인
다. 나와 남을 성품으로 보면 단지 사람일 뿐이다.
모양으로 보면 자아가 있고, 성품으로 보면 자아가
없다. 모양으로 보면 좋아하고 싫어하며, 성품으로
보면 좋아하고 싫어하지 않는다. 좋아하고 싫어하
는 것이 불행이고, 좋아하고 싫어하지 않는 것이 행
복이다.

318

어리석으면 대상을 고정관념으로 본다. 관념의 벽
이 두꺼울수록 더 어리석다. 어리석어서 진실을 보
지 않고 자기주장만 한다. 지혜가 있으면 있는 그
대로의 실재를 본다. 실재를 많이 볼수록 더 지혜
롭다. 이러한 지혜가 있을 때만 진실을 보고 잘못된
견해를 버린다.

마음이 있어 모든 것을 이끈다. 죽을 때의 마음은 일어나서 사라지고 없지만 마음에 담긴 원인과 결과라는 과보가 재생을 연결하는 마음을 일으켜 새로 태어난다. 모든 것을 이끄는 마음에는 항상 과보의 마음이 함께 작용한다. 그러므로 인간은 마음만 가지고 사는 것이 아니고 마음에 저장된 과보의 마음을 함께 가지고 산다. 현재 선한 마음을 가질 때는 과거에 선한 행위를 한 과보의 마음이 선한 마음을 갖도록 돕는다. 현재 선하지 못한 마음을 가질 때는 과거에 선하지 못한 행위를 한 과보의 마음이 선하지 못한 마음을 갖도록 돕는다. 현재 자신의 마음을 알아차리면 새로운 선한 과보의 마음이 생겨 선한 마음을 갖도록 돕는다.

추울 때는 단지 추위만 있지 내가 추운 것이 아니다. 추위는 감각기관이 느끼고 아는 것이지 내가 추위를 아는 것이 아니다. 더울 때는 단지 더위만 있지 내가 더운 것이 아니다. 더위는 감각기관이 느끼고 아는 것이지 내가 더위를 아는 것이 아니다. 아플 때는 단지 아픔만 있지 내가 아픈 것이 아니다. 아픔은 감각기관이 느끼는 것이지 내가 아픔을 아는 것이 아니다. 내가 춥고 덥고 아프다고 알면 자아가 있다는 생각으로 아는 것이라서 바르게 아는 것이 아니다. 감각기관에 접수되는 것은 조건에 의해 일어난 것으로 알아차릴 대상이다. 대상을 있는 그대로 계속해서 알아차리면 내가 없고 오직 대상의 느낌과 아는 마음만 있다.

위빠사나 수행은 바르게 살기위해서 하는 수행이다. 이 수행은 신통한 능력을 얻어 자신의 욕망을 충족시키는 수행이 아니다. 위빠사나는 통찰지혜를 얻어 모든 번뇌에서 해방되는 수행이다. 바르게 살려면 자신의 몸과 마음에서 나타나는 모든 것을 대상으로 알아차려야 한다. 즐거울 때는 즐거움이 알아차릴 대상이다. 괴로울 때는 괴로움이 알아차릴 대상이다. 덤덤할 때는 덤덤함이 알아차릴 대상이다. 즐거울 때 알아차리지 못하면 욕망이 생겨 불선 행위를 해서 괴로움을 겪는다. 괴로울 때 알아차리지 못하면 화를 내는 불선 행위를 해서 괴로움을 겪는다. 덤덤할 때 알아차리지 못하면 무지에 빠져 불선 행위를 해서 괴로움을 겪는다.

사돈이 논을 사면 배가 아프지 말고 함께 기뻐해야 한다. 사돈이 논을 샀으니 한턱을 내라고 하지마라. 논을 사느라 고생했을 터이니 내가 한턱을 사야한다. 남이 잘된 것을 좋아하는 마음은 선한 마음이고, 남이 잘된 것을 싫어하는 마음은 악한 의도다. 선한 마음은 자신이나 남에게 유익한 결과를 가져온다. 악한 의도는 자신이나 남에게 해로운 결과를 가져온다. 스스로 해로운 결과를 선택하는 것은 어리석기 때문이다. 어리석으면 어리석은 것을 좋아하여 나쁜 결과를 자초한다. 자신과 남을 사랑하면 남의 불행을 함께 슬퍼하여 연민을 보인다. 그리고 남의 기쁨이 있으면 함께 기뻐한다. 이것이 균형을 이룬 아름다운 마음이다.

323

법 앞에서 자기를 내세우면 법을 보지 못한다. 자신의 견해가 강하면 진실을 보지 못하는 장님이다.

324

감각적 욕망을 가지면 욕망의 움켜쥠으로 인해 윤회한다. 감각적 욕망을 억누르면 욕망의 반발력으로 인해 윤회한다. 욕망은 나의 욕망이 아니고 한순간의 마음이 일으킨다. 내가 윤회하는 것이 아니고 욕망이 윤회한다. 바라고 억누르지 말고 있는 그대로 알아차려야 흐름이 끊겨 윤회가 끝난다. 지금 바라거나 억누르면 한순간의 윤회가 흘러 일생의 윤회가 거듭 흐른다. 그러나 지금 바라거나 억누르지 않아 한순간의 윤회가 흐르지 않으면 일생의 윤회가 끝난다. 감각적 욕망으로 사는 어리석은 자는 윤회를 원한다. 그러나 감각적 욕망이 끊어져 해탈의 자유를 누리는 지혜를 가진 자는 윤회를 원하지 않아 다시 태어남이 없다.

모든 수행은 더 높은 목표를 향해서 가는 하나의 과정이다. 그러므로 모범적인 수행자라고 해서 모두 완전하지 않다. 바르게 수행을 하지 못하면 오히려 세속의 욕망이 더 강해질 수 있다. 바르게 수행을 해도 처음부터 있는 그대로 알아차리기가 어려우므로 부작용이 생기기 마련이다. 그러므로 욕망이 일어나면 무조건 억제하려고 하지 말고 욕망이 일어난 것을 알아차려야 한다. 선한 행위도 강압적으로 하면 반발력이 생겨 선하지 못한 결과가 생길 수 있다. 위빠사나는 잠재의식에 있는 번뇌까지 말리는 수행이라서 약간의 고통은 감수해야 한다. 오랜 습관은 저절로 사라지지 않기 때문에 습관을 즐긴 만큼의 희생이 따라야 한다.

나한테 잘한다고 해서 무조건 상대를 따르는 것은 어리석은 행위다. 바르지 못한 사람이 자신의 세력을 키우기 위해서 나를 이용할 수 있다. 이성적인 판단이 흐리면 상대의 친절이 독배인지 모른다. 위빠사나 수행은 자신의 내면을 통찰하여 지혜를 얻기 위해서 한다. 그러므로 수행처에서 모임을 결성하여 자신의 세력을 키우는 행위는 수행자의 본분이 아니다. 부처님의 제자 중에 테와다타는 모범적인 수행을 해서 신통력을 얻었다. 그러나 그는 세속의 부귀영화에 마음을 빼앗겨 세력을 모아 교단을 장악하려고 했다. 그리고 부처님을 살해하려고 시도했다. 이런 불선업의 결과로 신통한 힘을 잃고 병이 들어 비참하게 죽어야만했다.

수행을 하기 때문에 망상을 하는지 알 수 있다. 수행을 하지 않으면 망상을 하는지도 모른다. 산다는 것은 과거와 미래의 일을 생각하는 것이다. 망상하는 것을 문제 삼지 말고 망상을 할 때마다 알아차려야 한다. 망상을 한 번 알아차리면 알아차리는 힘이 한 번 더 생기고, 열 번 알아차리면 알아차리는 힘이 열 번 더 생긴다. 그러므로 망상이 없기를 바라지 마라. 망상을 하기 때문에 망상하는 것을 알아차릴 수 있다. 망상은 알아차려야 할 대상 이상의 의미가 없다. 망상을 알아차리고 즉시 몸의 호흡이나 다른 분명한 대상을 알아차려야 한다. 망상은 대상에 마음을 기울이지 못해서 생기므로 대상을 정확히 겨냥해서 알아차려야 한다.

나는 허송세월을 보내지 않았다. 단지 허송세월을 경험했다. 지난 날 허송세월을 경험했기 때문에 지금 열심히 일한다. 과거에 무료하게 보낸 시간이 있어서 지금 열심히 일하는 시간의 소중함을 안다. 나는 잘못을 하지 않았다. 단지 잘못을 경험했다. 지난 날 잘못을 경험했기 때문에 지금 잘하고 있다. 과거에 잘못한 일이 있어서 지금 잘하는 일의 소중함을 안다. 어리석음을 지혜로 바꾸는 것이 수행이다. 수행을 하지 않으면 어리석음이 계속 어리석음으로 끝나 영원히 암흑에서 살아야 한다.

세속에는 세속의 정서가 있고 출세간에는 출세간의 이성이 있다. 세속에서는 축적된 성향이 같은 사람끼리 모이고, 출세간에서는 진실을 추구하는 사람끼리 모인다. 세속에는 세속의 법이 있고, 출세간에는 출세간의 법이 있다. 세속의 법은 자신의 기준으로 보고, 출세간의 법은 있는 그대로 본다.

결국에는 진실이 승리한다. 그때까지 참고 기다려라. 참고 기다리는 순간에 이미 선한 보상을 받아서 승리한 것이다. 참고 기다리면 스스로 평화를 얻는다. 상대의 잘못에 반응하여 분노하지 마라. 불선심으로 반응하면 상대와 다를 것이 없다. 상대의 잘못을 단죄하지 마라. 잘못한 자는 스스로 나쁜 보상을 받아 괴롭다. 참고 기다린 자는 스스로 좋은 보상을 받아 평화롭다. 나는 남을 심판하는 자가 아니다. 다만 내가 할 일을 하는 사람이다. 내가 한 일에 따라 어떤 결과가 오든 그대로 받으면 된다.

승리했다고 해서 모두 승리가 아니다. 완전한 승리를 해야 승리라고 말할 수 있다. 선하지 못한 정신세계에서는 선하지 못한 결과를 얻은 것을 승리라고 한다. 어리석으면 부도덕한 것을 성취하고 승리했다고 한다. 선한 정신세계에서는 선한 결과를 얻은 것을 승리라고 한다. 지혜가 있으면 도덕적이고 진실한 것을 성취하고 승리했다고 한다. 수행자는 선한 것에 가치를 두고 선한 것을 추구한다. 수행자가 지향하는 선의 최종 목적지는 불선의 반대가 되는 선으로부터도 벗어나는 것이다. 그리하여 모든 것이 완전하게 선한 정신세계에 이르는 것이다. 이것이 깨달음이고, 열반이고, 원인과 결과가 없는 마음이다. 이것이 완전한 승리다.

누구나 저마다의 생각을 가지고 산다. 이 세상은 이런 이질적인 요소로 인해 괴로움을 겪기 마련이다. 때로는 생각이 같은 사람을 만나도 결국에는 생각이 다르다는 것을 안다. 사람이 산다는 것은 구조적으로 괴로움을 겪을 수밖에 없다. 이 세상은 원래 생각이 다른 사람끼리 모여서 산다는 것을 받아들이면 괴로울 것이 없다. 세속에서는 생각이 다른 사람들끼리의 갈등을 극복하기 위해 일정한 규범이 있다. 출세간에서는 생각이 다른 사람끼리의 갈등을 극복하기 위해 있는 그대로 알아차린다. 세간의 일정한 규범은 일탈의 위험이 상존한다. 그러나 출세간의 있는 그대로 알아차림은 규범을 초월하는 것이라서 일탈의 위험이 없다.

위빠사나는 경험해보지 않은 내면의 정신세계를 탐험하는 수행이다. 이 길은 이미 붓다에 의해서 체험되었기 때문에 합당한 조건이 성숙되면 누구나 경험할 수 있다. 붓다께서는 내가 경험했고, 여러분도 경험할 수 있으니 모두 이 길로 오라고 말씀하셨다. 위빠사나는 자신의 몸과 마음을 알아차리는 수행이라서 이룰 수 없는 것을 이루려는 것이 아니다. 누구나 실현 가능한 것을 실천하는 행위다. 그러기 위해서는 반드시 경험이 있는 스승의 인도를 받아야 한다. 또 위빠사나 수행의 지혜가 완전하게 계발되지 않았어도 이미 크고 작은 지혜를 경험하고 살아왔다. 이러한 경험을 완전하게 살리기 위해서는 체계적인 수행을 해야 한다.

자신이 행한 악업의 과보를 받아 괴로움에 처했더라도 있는 그대로 알아차리면 악업의 과보가 그친다. 대상을 알아차리는 새로운 선한 마음이 일어났기 때문이다. 이때 악업을 행한 것도 내가 아니고, 새로 선한 마음을 일으킨 것도 내가 아니다. 이러한 무아의 지혜가 나야 악업의 과보로부터 완전하게 자유로워진다. 자신이 행한 선업의 과보를 받아 즐거운 일을 겪을 때라도 알아차리지 못하면 선업의 과보가 끝난다. 좋은 일도 알아차리지 못하면 감각적 욕망의 지배를 받아 선한 마음을 유지하기가 어렵다. 모든 것을 있는 그대로 알아차리면 좋지 않을 때 좋아지며, 좋을 때 계속 좋다. 수행자에게는 모든 것이 알아차릴 대상이다.

옹달샘

1 2 3 4 5 6 7 8 9 10 11 **12**

태양이 밝다고 해도 지혜만큼 밝지 못하다.

산이 높다고 해도 지혜만큼 높지 못하다.
바다가 깊다고 해도 지혜만큼 깊지 못하다.
땅이 넓다고 해도 지혜만큼 넓지 못하다.
바위가 단단하고 해도 지혜만큼 단단하지 못하다.
오직 통찰지혜로서 모든 번뇌를 여읠 수 있다.

335

지금 무엇을 하는 것이 가장 필요한지를 알아 실천하는 것이 지혜다. 가장 필요한 일은 감각기관에 마음을 두고 모든 대상을 알아차리는 것이다. 그러면 번뇌가 침투하지 못해 청정한 상태가 된다. 이것이 으뜸가는 행복이다. 해야 할 일을 하면, 해서는 안되는 일을 하지 않아 두 가지의 이익을 얻는다.

336

죽는 길을 향해서 가는 사람과 죽지 않는 길을 향해서 가는 사람이 있다. 죽는 길을 향해서 가는 사람은 지금 어디로 가는지 모르고 간다. 어디로 가는지 모르고 가는 사람은 감각적 욕망의 지배를 받아 어리석게 산다. 가는 길이 괴로움인지 모르고 가면 죽은 뒤에 다시 태어나 또 죽어야 한다. 죽지 않는 길을 가는 사람은 지금 어디로 가고 있는지 알고 간다. 어디로 가는지 알고 가는 사람은 중도의 마음을 가지고 지혜롭게 산다. 가는 길이 괴로움인지 알고 가면 죽어서 다시 태어나지 않아 또 죽는 일이 없다.

마음은 매순간 일어났다가 사라지므로 사람의 마음이 한결같을 수 없다. 마음은 조건에 의해 일어났다가 사라진다. 좋은 조건이면 좋은 마음이 일어나고 나쁜 조건이면 나쁜 마음이 일어나므로 사람의 마음은 변할 수밖에 없다. 사람의 마음이 한결같기 위해서는 조건에 걸림이 없어야 한다. 대상을 법으로 보아 원인과 결과로부터 자유로울 때만 한결같은 마음을 갖는다. 이것이 감각적 욕망의 원인이 없어 결과가 없는 아라한의 마음이다. 아라한이 되기 전까지는 누구나 조건에 의해 변하는 흔들리는 마음이 있다. 그러므로 사람의 마음이 변하는 것으로 인해 고통을 받아서는 안 된다. 마음은 매순간 변하며 나의 마음이 아니다.

한순간이 모여 더 큰 순간을 만든다. 더 큰 순간이 모여 완전한 순간을 이룬다. 위빠사나 수행은 한순간의 평화를 만드는 수행이다. 수행자는 단지 한순간을 알아차리는 것으로부터 출발하고 그 외에 다른 것을 바라지 말아야 한다. 몸과 마음을 대상으로 알아차리는 순간에 평화가 있다. 알아차리는 순간에 오직 몸과 마음만 있고 번뇌가 없기 때문이다. 이것이 순간의 평화다. 비록 짧은 순간에 그친 평화라 할지라도 훌륭한 평화의 초석이다. 이러한 순간의 평화가 모여 더 큰 평화를 만든다. 나아가 더 큰 평화가 모여 완전한 평화를 이룬다. 완전한 평화를 얻기 위해서는 수행을 계속해서 잠재의식에 있는 번뇌까지 소멸되어야 한다.

업이 되는 행위는 하고자 하는 의도에 의해서 일어난다. 의도는 일어난 순간에 사라지고 행위도 하는 순간에 사라지고 없다. 하지만 행위의 결과인 과보는 마음에 종자로 남아서 사라지지 않는다. 이 과보가 다시 의도를 일으켜 행위를 하게 한다. 이러한 순환이 연기며 이것을 윤회라고 한다. 윤회는 없는 것이 상속되지 않고 있던 것이 상속되므로 사물의 자연스러운 흐름을 따르는 것이다. 그러나 윤회의 근본원인이 무명과 갈애이기 때문에 윤회는 지혜로운 자가 가는 길이 아니다. 수행의 지혜가 성숙되면 무명 대신에 지혜가 생기고 갈애 대신에 관용이 생겨 어떤 선택을 하는 것이 옳은지를 안다. 바로 이런 마음이 윤회를 끊는다.

340

태양이 밝다고 해도 지혜만큼 밝지 못하다. 산이 높다고 해도 지혜만큼 높지 못하다. 바다가 깊다고 해도 지혜만큼 깊지 못하다. 땅이 넓다고 해도 지혜만큼 넓지 못하다. 바위가 단단하고 해도 지혜만큼 단단하지 못하다. 오직 통찰지혜로서 모든 번뇌를 여읠 수 있다.

341

종교 간의 평화 없이는 개인과 사회의 평화가 없다. 종교 간의 화합 없이는 국가와 인류의 화합이 없다. 자기 종교만 옳다고 하면 분열과 파괴가 따른다. 화합을 해치는 종교는 보편적 진리를 모른다. 종교의 진정한 가치는 모두가 평화롭게 공존하는 데 있다. 종교가 자기의 본분을 다하지 못하면 오히려 개인과 인류에게 더 큰 누를 끼친다. 괴로움을 주는 종교가 되지 않기 위해서는 상호존중과 인류평화의 기치를 내세워야 한다. 종교는 필요하지만 사회의 해악이 되는 종교는 또 다른 범죄다. 종교라는 이름으로 행해지는 모든 언어와 의식은 서로가 다툼이 없는 평화를 위한 것이어야 한다. 그래야 진정한 행복을 얻을 수 있다.

도(道)는 바른 길을 향해서 가는 발걸음이다. 모르는 사람은 세간의 도를 모르며, 출세간의 도는 더욱 몰라 진실을 배척한다. 아는 사람은 세간의 도를 알고, 출세간의 도까지 알아 진실을 통찰한다. 모르는 사람은 드러나 있는 진실을 보지 못하고, 아는 사람은 드러나 있는 진실을 본다. 세간의 도는 사마타 수행으로 선정의 고요함을 얻는다. 출세간의 도는 위빠사나 수행으로 통찰지혜를 얻어 완전한 자유를 얻는다. 세간의 도에서는 윤회를 하지만 출세간의 도에서는 열반을 성취하여 윤회가 끝난다. 그러므로 괴로움에서 벗어나려면 세간의 도에 머물러서는 안 된다. 반드시 출세간의 도에 이르러 모든 번뇌를 여의는 열반을 성취해야 한다.

선한 사람은 선하기 때문에 손해를 보아 불행할 수 있다. 악한 사람은 악하기 때문에 이익을 보아 번영할 수 있다. 그러나 선하기 때문에 보는 손해는 손해가 아니다. 오히려 미래에 더 큰 이익과 행복이 온다. 악하기 때문에 보는 이익은 이익이 아니다. 오히려 미래에 더 큰 손해와 불행이 온다. 지금 드러난 현상으로 이익과 손해를 따져서는 안 된다. 현재의 불행은 이미 과거에 시작된 원인으로 인해서 생긴 결과다. 현재의 행복은 이미 과거에 시작된 원인으로 인해서 생긴 결과다. 그리고 다시 현재의 원인이 미래의 결과로 간다. 그러므로 현재 처해진 상황에 연연하지 말고 지금 어떤 마음가짐을 가지고 있는가를 주목해야 한다.

344

지식은 아는 것을 휘장(徽章)으로 삼는다. 지혜는
아는 것을 양식(糧食)으로 삼는다.

345

세상에는 범부가 사는 세간과 성자가 사는 출세간
이 있다. 출세간을 사는 사람은 세간의 일에 무관심
하다. 출세간은 세간의 감각적 욕망과 극단적 고행
의 양극단으로부터 벗어난 세계에 살기 때문이다.
성자가 가는 출세간의 길을 범부의 시각으로 비난
해서는 안 된다. 범부는 출세간을 모르더라도 성자
가 가는 길을 존중해야 자신도 그 길을 갈 수 있다.
출세간의 길을 간다고 해서 세간을 무시하지 않는
다. 출세간이 근거하고 있는 곳이 세간이기 때문이
다. 세간의 삶에서 출세간을 지향하기 때문에 세간
을 이해할 수 있어야 진정한 출세간이다. 세간에서
는 세간도 모르지만 출세간에서는 세간과 출세간의
두 가지 법을 모두 수용한다.

346

혼란한 세상에서는 거짓이 진실이 되고, 진실이 거짓처럼 매도된다. 무엇이 진실인지 알기 위해서는 먼저 자신의 내면을 성찰해야 한다. 진실은 투쟁으로 쟁취할 수 없다. 투쟁을 하는 순간 진실이 숨어 버린다. 진실은 실재하는 현상으로 항상 드러나 있지만 자신의 마음이 맑아야 보인다.

347

바른 가르침은 바른 정신을 가져야 본다. 바른 가르침은 지혜가 나야 보고, 어리석으면 보지 못한다. 보지 못하면 선택할 수 없다. 어리석으면 모르기 때문에 바른 것을 배척한다. 이것이 어리석음이다.

348

괴로울 때 괴로움에서 벗어나려고 하지 마라. 괴로움에서 벗어나려고 할수록 더 괴롭다. 괴로울 때는 '지금 괴로워하고 있네' 하고 알아차려라. 그런 뒤에 괴로워하는 마음을 알아차려라. 그리고 가슴에서 두근거리는 느낌을 알아차리거나, 일어나고 꺼지는 호흡에 마음을 집중해야 한다. 한번 알아차리는 것으로 그치지 말고 계속해서 알아차려야 한다. 괴로움은 생길 만한 원인이 있어서 생긴 결과다. 그러므로 어떤 방법으로도 벗어나기 어렵다. 괴로워하고 있는 마음을 알아차린 뒤에 몸으로 와서 호흡이나 느낌을 알아차리는 것이 괴로움으로부터 벗어나는 유일한 방법이다. 괴로움을 알아차리지 못하면 괴로움이 더 큰 괴로움을 부른다.

<h2 style="text-align:center">349</h2>

호기심이 발전을 가져오기도 하고 실패를 가져올 수도 있다. 호기심이 실패하지 않고 발전하려면 이성적인 판단을 해야 한다. 호기심이 실패로 그치고 마는 것은 감각적 욕망을 가지고 하기 때문이다. 무슨 일이나 이성적으로 판단해서 균형이 있으면 성공하고, 감각적 욕망을 가지고 해서 균형이 깨지면 실패한다. 같은 호기심이지만 알아차림이 있으면 좋은 결과를 얻고, 알아차림이 없으면 좋은 결과를 얻을 수 없다.

<h2 style="text-align:center">350</h2>

무엇인가를 필요로 하는 사람은 언제나 필요한 것이 많다. 욕망은 자기가 가진 것에 만족하지 못하고 항상 새로운 것을 바란다. 또 새로운 것을 얻었다 해도 처음에 원했을 때만큼 만족하지 못해 더 나은 것을 원한다. 그래서 욕망은 끝이 없다. 무엇이나 자신이 소유하게 되면 가진 것의 소중함을 모른다. 그러므로 가장 가까이 있는 사람들과 자신이 소유한 모든 것에 대해 소중함을 느껴야 한다. 그래야 끝없는 욕망의 갈증으로부터 자유로울 수 있다.

옳고 그름을 판단하여 바른 견해를 가지려면 지혜가 나야 한다. 사물의 이치를 구별하는 힘을 얻기를 바라지 말고 그런 지혜를 바라는 자신의 몸과 마음을 알아차려야 한다. 바란다고 해서 누가 주지 않는다. 몸과 마음을 있는 그대로 알아차리는 것이 지혜를 얻는 유일한 길이다. 지혜를 얻는 것이 소원이라는 것은 단지 생각이다. 소원이 있다고 해서 반드시 이루어지지 않는다. 반드시 소원을 얻기 위한 실천적 행위가 따라야 한다. 위빠사나 수행의 지혜가 나서 사물의 이치를 구별한다고 해도 모두 자기기준으로 한다. 최고의 지혜가 나야 완전하게 알 수 있다. 최고의 지혜를 얻으려면 처음부터 대상을 있는 그대로 알아차려야 한다.

내 마음이 평화로워야 가족의 평화가 있다. 가족의 평화가 있어야 사회의 평화가 있다. 자신의 견해만 주장하면 나의 평화가 이루어지지 않는다. 그러면 가장 가까운 가족의 평화도 이루지 못한다. 자신과 가족의 평화가 없이는 사회의 평화는 더 요원하다. 이 세상은 나만 사는 것이 아니다. 더불어 사는 사회에서는 나의 의견도 있지만 상대의 의견도 있다. 나의 의견과 상대의 의견이 조화를 이루도록 하기 위해서는 먼저 자신의 내면을 성찰해야 한다. 모든 평화는 자신의 마음으로부터 시작된다. 자신을 정화하여 평화를 얻으려면 항상 나의 몸과 마음을 알아차려야 한다. 먼저 자신이 정화되지 않고서는 어떤 평화도 기대할 수 없다.

수행을 하면서 자기가 하는 수행이 최고며 내가 최고라는 생각을 가질 수 있다. 이런 생각은 아직 지혜가 성숙되지 않았기 때문에 생긴다. 위빠사나 수행을 해서 대상을 평등하게 보는 단계에 이르면 단지 대상과 아는 마음만 있기 때문에 교만한 마음이 사라진다. 이러한 평등의 지혜도 열반을 성취하기 위한 과정에 불과하다. 수행 중에 나타나는 모든 현상은 완전한 지혜를 얻는 과정에서 생기는 현상이므로 모두 알아차릴 대상이다. 그래서 완전한 지혜조차도 알아차릴 대상이다. 모든 것이 알아차릴 대상이 될 때라야 비로소 완전한 지혜라고 할 수 있다. 모든 현상은 끊임없이 일어나고 사라지기 때문에 과정이 아닌 것이 없다.

354

자신의 인격은 남이 주는 것이 아니고 자신이 높이기도 하고 낮추기도 한다. 바른 생활로 자신의 인격을 높이면 스스로 행복을 만들고 남이 자신을 존중한다. 바르지 못한 생활로 자신의 인격을 낮추면 스스로 불행을 만들고 남이 자신을 천하게 여긴다.

355

싸움에서 이긴 자가 승리자가 아니다. 여섯 가지 감각기관을 알아차려서 번뇌에서 해방된 자가 승리자다. 경전을 많이 안다고 지혜가 있는 자가 아니다. 몸과 마음의 성품을 알아차려서 집착을 끊은 자가 지혜가 있는 자다. 보시를 많이 해서 공덕이 있는 자가 아니다. 아무 것도 바라지 않고 보시를 해야 공덕이 뛰어난 자다.

음식을 먹을 때는 몇 가지의 조건이 성숙되어서 먹는 것을 안다. 첫째, 음식이라는 대상이 있다. 둘째, 음식을 받아들이는 혀가 있다. 셋째, 혀에 침이 있어서 음식의 맛을 안다. 넷째, 마음이 이것이 무슨 음식이라고 안다. 이상 네 가지의 원인과 결과가 있어서 음식을 먹는 것을 안다. 여기서 하나라도 결여되면 음식을 먹는 것이 성립되지 않는다. 그러므로 내가 음식을 먹는 것이 아니고 감각기관과 감각대상이 부딪쳐서 음식을 먹는 것을 안다. 음식의 재료 맛을 있는 그대로 아는 것이 실재를 아는 것으로 수행을 하는 것이다. 음식이 맛이 있어서 좋다거나, 맛이 없어서 싫다고 한다면 관념을 아는 것으로 수행을 하는 것이 아니다.

위빠사나가 깨달음을 얻는 수행인 것은 자신의 몸과 마음을 알아차려서 궁극의 법을 보기 때문이다. 몸과 마음에는 느낌이 있다. 이런 느낌으로 알아차릴 때만이 대상을 객관화해서 보며 관념이 아닌 실재를 본다. 실재를 보아야 신비로운 것으로부터 벗어난 진실을 본다. 몸과 마음의 무상을 통하여 괴로움의 진실을 알고, 괴로움을 통하여 무아의 법이 완성된다. 진실은 오직 자신의 몸과 마음의 느낌에서만 찾을 수 있다. 마음이 밖으로 나가면 선입관을 가지고 보아 대상을 있는 그대로 알기 어려워 실재하는 무상을 알 수 없다. 느낌은 매순간 변한다. 이 변화를 통해서만 무상, 고, 무아의 법을 통찰하여 집착을 끊고 열반을 성취한다.

매일 잠자리에 들어 미소 지으면서 자야 죽을 때 미소 지을 수 있다. 미소는 모든 것을 있는 그대로 받아들이는 지혜다. 미소 지으면서 죽으면 다시 태어나지 않아 괴로움뿐인 생로병사가 없다. 찡그리고 죽으면 다시 태어나 괴로움뿐인 생로병사를 겪어야 한다. 평소에 미소 짓지 않던 사람이 죽을 때 미소 지을 수 없다. 수행을 해서 사물의 이치를 깨달으면 모든 것이 무상하고 괴로움이며 무아라고 알아 집착을 하지 않는다. 오온을 집착하지 않아야 미소 지으면서 죽을 수 있다. 사물의 이치를 모르면 생을 집착하여 죽음을 받아들이지 못해 찡그리고 죽는다. 찡그린 마음으로 죽으면 다음 생에 찡그린 마음을 가진 생명으로 태어난다.

태어나고 죽는 모든 생명은 실패를 향해서 간다. 태어나는 것이 실패고, 태어나지 않는 것이 성공이다. 범부는 실패를 향해서 가고, 성자는 성공을 향해서 간다. 범부는 실패를 한 뒤에 같은 실패를 되풀이한다. 성자는 실패를 한 뒤에 또 다시 같은 실패를 되풀이 하지 않는다. 어리석으면 다시 태어나는 것이 행복이라고 알아 번뇌를 움켜쥔다. 지혜가 있으면 다시 태어나는 것이 괴로움이라고 알아 집착을 버린다. 욕망을 가지고 움켜쥐는 것이 실패로 가는 어리석은 행위고, 태어나지 않는 것이 두려워 윤회를 한다. 집착을 버리는 것이 성공으로 가는 지혜가 있는 행위고, 태어나는 것이 괴로움이라고 알아 윤회를 끝낸다.

하는 일마다 잘 안 되는 것은 일하는 마음가짐에 문제가 있기 때문이다. 일하는 마음가짐은 과거부터 내려온 업의 과보에 의해서 생긴 축적된 성향이다. 이런 성향은 어제 오늘에 생긴 것이 아니라서 쉽게 개선되기 어렵다. 그러나 위빠사나 수행을 해서 대상을 있는 그대로 알아차리면 차츰 개선될 수 있다. 바꾸기 어려운 것을 바꾸려면 지혜가 나야 한다. 어리석으면 잘못된 고정관념을 바꾸려고 하지 않는다. 그래서 팔정도로 살 때만이 바른 마음가짐을 가질 수 있다. 팔정도는 여덟 가지 바른 삶으로 계율과 집중과 지혜로 사는 삶이다. 팔정도를 실천하기 위해서 중도적인 관점으로 보는 위빠사나 수행의 알아차림이 필요하다.

시간은 매순간 일어나고 사라진다. 일어난 시간과 사라진 시간은 같지 않다. 또 일어나고 사라진 시간과 새로 일어나고 사라진 시간도 같지 않다. 마음은 매순간 일어나고 사라진다. 일어난 마음과 사라진 마음은 같지 않다. 또 일어나고 사라진 마음과 새로 일어나고 사라진 마음도 같지 않다. 같은 시간이 아니라서 항상 하지 않기 때문에 영원한 시간은 없다. 같은 마음이 아니라서 항상 하지 않기 때문에 영원한 마음은 없다. 단지 일어나고 사라지는 무상만 영원하다. 시간이 멈추지 않고 흐르듯이 죽을 때의 마음은 한순간도 멈추지 않고 즉시 재생연결식이 된다. 깨달음을 얻어 마음이 새로 일어나지 않고 소멸하면 시간도 소멸한다.

더 좋은 세상을 살려면 현재의 마음가짐으로는 안 된다. 현재보다 더 나은 마음가짐을 가져야 한다. 먼저 자신이 지은 대로 받는다는 업의 과보를 수용해야 한다. 업의 과보를 받아들이면 남을 탓하지 않고 원인이 자신에게 있다는 것을 자각한다. 업의 과보를 존중하면 세상의 불균형에 대한 바른 시각을 갖는다. 그래서 세상의 일들에 대한 의심에서 해방되기 때문에 불필요한 생각으로 인해 번뇌를 키우지 않는다. 이것을 기본도라고 한다. 이러한 기본도를 바탕으로 자신의 몸과 마음을 알아차리는 위빠사나의 도를 이루어야 한다. 위빠사나의 도는 무상, 고, 무아를 아는 지혜다. 마지막에 열반의 도를 성취해야 지고의 행복을 얻는다.

가는 시간 잡을 수 없고 오는 시간 막을 수 없다. 사라지는 마음 잡을 수 없고 일어나는 마음 막을 수 없다. 모든 것이 원인과 결과로 일어나고 사라진다. 깨달음을 얻어 갈애가 소멸하여 새로운 원인을 일으키지 않을 때라야 비로소 시간과 마음으로부터 자유로워진다. 감각적 욕망의 갈애와 존재에 대한 갈애와 비존재에 대한 갈애가 사라져 죽을 때 반열반에 이르면 새로운 원인이 사라져 태어나는 결과가 없다. 과보가 상속되지 않아 마음이 다시 일어나지 않아 태어남이 없으면 다시 죽을 일도 없다. 모든 집착에서 벗어나 윤회가 끝나면 생명의 길고 긴 고단한 여정도 끝나며 함께 흘러간 시간으로부터도 완전하게 벗어나 자유를 얻는다.

어리석음은 어둠이라서 대상을 바르게 보지 못한다. 지혜는 밝음이라서 대상을 있는 그대로 본다. 어리석으면 자기 잘못은 모르고 남의 탓만 한다. 지혜가 있으면 자기 잘못을 알고 남에게 관대하다. 어리석으면 남이 잘못하는 일을 따라서 한다. 지혜가 있으면 남이 잘못한 일을 따라하지 않는다. 어리석으면 자아가 강하여 자기중심으로 생각한다. 지혜가 있으면 무아를 알아 중도를 지킨다. 어리석다는 것은 내가 있다고 알아 자신을 모르는 것이다. 지혜가 있다는 것은 내가 없다고 알아 자신을 바르게 아는 것이다. 어리석으면 거울에 비친 자신의 모습이 실재라고 안다. 지혜가 있으면 거울에 비친 자신의 모습이 허상이라고 안다.

어떤 것이나 일어난 것은 사라진다. 일어난 것은 일어난 순간에 일어난 곳에서 즉시 사라진다. 하지만 사람들은 일주일, 한 달, 한 해, 일생이라는 시간을 단위로 묶어서 본다. 궁극의 깨달음을 얻고자 하는 수행자들은 이와 같은 하나의 단위를 마무리하는 순간에 회향을 한다. 회향은 자신이 이룬 선업의 공덕을 남김없이 남에게 돌리는 행위다. 회향은 자신에게 온 선업의 공덕조차도 자신이 받지 않고 모든 존재들이 괴로움에서 완전하게 벗어나 안락하기를 바라는 지고지순한 행위다. 그리하여 모든 존재들이 평화롭고 행복하기를 기원한다. 이런 남김 없는 회향을 할 때만이 무아를 자각하여 피안으로 건너가는 지고의 행복을 누린다.

위빠사나문고 **옹달샘 3**

서로 다른 것은 아름답다

2012년 3월 10일 1판 1쇄 인쇄
2012년 3월 15일 1판 1쇄 발행

지은이 | 묘원
펴낸이 | 곽준
디자인 | (주)아이나래(02-2272-8458)

펴낸곳 | (주)도서출판 행복한 숲
등 록 | 2004년 2월 10일 제16-3243호
주 소 | 서울시 강남구 논현동 98-12 청호불교문화원 나동 306호
전 화 | 02-512-5255, 512-5258
팩 스 | 02-512-5856
카 페 | cafe.daum.net/vipassanacenter
이메일 | sukha5255@hanmail.net

ⓒ묘원, 2012

ISBN 978-89-93613-29-2
값 8,000원

잘못 만들어진 책은 바꾸어 드립니다.